Anette in Concas

83 1/5 Ausflugstipps für Familien in Limburg und Umgebung

Anette in Concas

83 1/5 Ausflugstipps für Familien

in Limburg und Umgebung

societäts\verlag

1. Auflage

Satz: Julia Desch, Societäts-Verlag
Umschlaggestaltung: Bruno Dorn, Societäts-Verlag
Druck und Verarbeitung: Finidr Printing House
Printed in EU 2024
ISBN 978-3-95542-463-3

Besuchen Sie uns im Internet:
www.societaets-verlag.de

INHALT

Vorwort

Liebe Leserinnen und Leser,

»Warum denn in die Ferne schweifen? Sieh, das Gute liegt so nah. Lerne nur das Glück ergreifen, denn das Glück ist immer da«. Johann Wolfgang von Goethe hat uns in seinem Gedicht »Erinnerung« in diesem Fall sogar ein doppeltes Patentrezept hinterlassen, Glück zu finden. Zum einen in der Gemeinschaft, zum anderen in der Region. Hinschauen, Hingehen, Anfassen, Mitmachen, Dabeisein – darauf kommt es an. Auch dann, wenn es darum geht, mit der Familie etwas zu unternehmen.

Wer Kinder motiviert, mit offenen Augen und allen Sinnen durch die Welt zu gehen, ermöglicht den jüngsten Familienmitgliedern wunderbare Entdeckungen und lehrt sie, auch im späteren Leben genau hinzuschauen. Im Rampenlicht müssen nicht immer nur laute oder spektakuläre Angebote stehen. Wer junge Menschen positiv hinführt, wird auch ihre Freude an kleinen Dingen wecken: an der Wanderung durch das Echotal, einem Besuch in der Kirche, bei einer Schifffahrt oder im Tierpark. Unterwegs sein mit dem Pilzsammler oder dem Waldpädagogen ist genauso spannend wie der Besuch auf dem Pumptrack, über den Wipfeln der Bäume oder bei der Stadtrallye.

Bei den »83 1/5 Ausflugstipps für Familien in Limburg und Umgebung« finden Sie Ausflüge, die den ganzen Tag dauern, aber auch Möglichkeiten, einfach nur mal eine halbe Stunde auf einem besonders netten Spielplatz zu verbringen. Aus allem können Sie selbst ein Highlight machen.

Kommen Sie mit!

Ihre Anette in Concas

Spiel und Spaß

GOLFGREEN Freizeitanlage

—> Hintergasse 18, 65326 Aarbergen-Rückershausen

Glückliche Kinderaugen strahlen immer wieder um die Wette. Die GOLF-GREEN Freizeitanlage bietet der ganzen Familie aufregendes Adventure-Golf. 18 Kunstrasenbahnen zwischen 12 und 28 Metern Länge sorgen für Unterhaltung und Abwechslung und fördern spielerisch die Geschicklichkeit und Koordination. Der Ball muss Hindernisse aus Steinen, Holz, Wasser und Sand überwinden. Ein Durchgang mit vier Spielern dauert etwa zwei Stunden. Für ganz kleine Kinder eignet sich die Minigolfanlage besser. Sie punktet mit 18 Löchern und einer jeweiligen Bahnlänge von 5,5 Metern. Auch hier kann die ganze Familie gegeneinander antreten.

Für Spiel und Spannung sorgen außerdem die Großspielfelder für Schach, Mühle und Dame. Natürlich auch mit entsprechend großen Figuren. Wer mag, spielt Beach-Volleyball oder Fußball-Billard, Shuffleboard oder Cornhole (Sandsackwerfen). Fußball, Basketball und Federball mit Bande und Fangnetz werden auf einem 18 x 12 Meter großen Multifunktionsfeld auf Kunstrasen trainiert. Schläger, Bälle und Spielzettel dafür gibt es im zentralen Lokal »Die Bahn 19«. Hier warten auch Gerichte für den kleinen und großen Hunger sowie Getränke aller Art. Alle 1. und 2. Bundesligaspiele können hier als Konferenz geschaut werden. Ebenso die Europa-League und Champions-League, aber auch weitere Sportarten.

Viele Veranstaltungen runden das Jahresprogramm ab. Ralf Diefenbach hat seinen Freizeitpark ganzjährig geöffnet. Montags ist Ruhetag. Infos unter www.golfgreen-aarbergen.de.

01

02

Kurze Auszeiten gewünscht? Dann liegt der Besuch eines Spielplatzes nahe. Wer von Staffel kommt und in Aull nach links Richtung Fluss abbiegt, kommt zum Spielplatz an der Lahn.

Hier warten Rutsche und Sandkasten, Schaukel und vielseitige Kletterhäuschen. Oft begegnen einem auch Schwäne und Lahnenten, die vom naheliegenden Ufer kommen und sich hier ausruhen. Es macht Spaß, sie zu beobachten.

Das Schönste am Spielplatz ist aber sicher die Brücke, die sich über den kleinen Hambach spannt, der mit seinem flachen Wasser und den Steinen für Kinder im Sommer hoch willkommene Plansch- und Spielmöglichkeiten bietet. Auch die große Wiese bedeutet Platz und Spielraum. Einzelbänke, aber auch malerische Picknickbereiche unter den Bäumen laden die Großen zum Rasten und Stärken ein. Hier schmecken Äpfel und belegte Brötchen besonders gut.

Das gilt natürlich auch für alle, die mehr Zeit haben und vom Unternehmungsgeist gekitzelt werden. Sie können den Spielplatzbesuch ideal mit einer Radtour verbinden. Der Spielplatz am Hambach liegt nämlich direkt am Radweg »Wald- und Wiesentour«. Er beginnt am Alten Markt in Diez und führt über Aull, Hambach, Eppenrod und Altendiez zurück in die Grafenstadt. Wer nicht so viel strampeln will, nimmt die Teilstrecke Diez, Hambach, Diez, die insgesamt etwa sechs Kilometer lang ist. Die sanften Steigungen auf dem Weg sind auch für kürzere Beine gut zu bewältigen. Gefahren wird überwiegend auf einem separaten Radweg.

Nur spielen oder auch radeln?

Spielplatz am Hambach
—> Staffeler Straße,
65326 Diez-Aull

03

Höhenluft schnuppern

Baumwipfelweg »Forest Adventures«

→ Parkplatz Am Vorderwald 1, 65326 Bad Camberg

Ein ganz außergewöhnliches Freizeitvergnügen bietet jetzt »Forest Adventures« mit seinem einzigartigen Baumwipfelweg in Bad Camberg.

Zunächst geht es ab dem Parkplatz »Vorderwald«, der von Bad Camberg kommend links in Richtung Usingen an der L3031 liegt, zu Fuß in den Wald. Holzschilder zeigen, dass man auf dem richtigen Weg zum großen Abenteuer ist. Und dann steht man schon vor dem Eingang. Respekt: Bis zu 31 Meter hoch führen die hölzernen Pfade auf drei Ebenen quer über die Wipfel.

Wer die 800 Meter in dieser anderen Welt erleben möchte, muss zunächst im hölzernen Turm ordentlich Treppen steigen. Belohnt wird er durch einen atemberaubenden Blick. Von der höchsten Aussichtsplattform winken die Weiten des nördlichen Taunus, Kreuzkapelle und der Feldberggipfel. Eine Altersbeschränkung gibt es nicht. An der Hand der Eltern können auch die Kleinen mitlaufen. Für sie gibt es zusätzlich eine Rallye: Auf den Wegen sind Tiere des Waldes platziert. Wer das Tier findet, das nicht in den Wald gehört, bekommt eine kleine Überraschung.

Essen und Trinken gibt es am Kiosk, die große Gastronomie wird gerade vollendet. Verpflegung kann sich aber auch jeder mitbringen.

Wer einmal Eintritt bezahlt hat, muss sich nicht eilen, sondern hat den ganzen Tag Zeit und Gelegenheit, Höhenluft zu schnuppern und die Gegend von oben zu erkunden. Der Weg ist nicht barrierefrei, der letzte Einlass erfolgt eine Stunde vor Schließung. Es gibt auch Familientickets.
Infos unter: www.baumwipfelweg-bad-camberg.de.

04 Storchengang

Kurpark
→ Chambray-lés-Tours-Platz 1,
65520 Bad Camberg

Kein reines Kindervergnügen, aber ganz sicher ein Vergnügen, das auch Kinder schätzen, bietet der Besuch im Bad Camberger Kurpark. Das liegt zum einen an der liebevoll angelegten Landschaft, zum anderen an dem abwechslungsreichen Angebot. Der Kneipp-Kurpark bietet mit den Wasserspielen und der großen Brücke überschaubare, aber nicht langweilige Spaziermöglichkeiten.

Für Action sorgen der neue SinnesErlebnisPfad mit den acht Sinneserfahrungsstationen wie dem Summstein, einer Minigolf-Anlage, Boulebahnen, Großlandschach, Spielplatz und Bewegungspark, Liegewiesen, Kneipp-Kräutergarten und Wassertretanlagen. Der Kneipp-Rundweg, der an verschiedenen Stationen im Park die Kneippschen Säulen – Heilpflanzen, Bewegung, Wasser, Lebensordnung und Ernährung – in Wort und Bild darstellt, lässt sich auch prima mit Kindern erlaufen. Für präzise Anleitung ist gesorgt. Zum Beispiel erfahren die Besucher, dass ein Fuß- und ein Armbad niemals mit kalten Gliedmaßen begonnen werden darf und dass zwischen Fuß- und Armbad zwei Stunden liegen sollten. Glücklicherweise gibt es im Park ja genug Abwechslung – auch die Gastronomie ist nicht weit. Beim Wassertreten müssen die Füße mit jedem Schritt aus dem Wasser gehoben werden. Dieser Storchengang fällt gerade den Kindern natürlich leicht.

Infos zum Kurpark und den diversen Angeboten gibt es unter www.bad-camberg.de. Der Park zieht sich von der Grabenstraße bis hinauf zur Reha-Klinik, begrenzt von der Obertorstraße, vom Badehausweg und der Bircher-Benner-Straße.

Barfuß durch den Sommer

Im Park der Sinne

—> Wilhelmstraße, 56470 Bad Marienberg

Ich komm' aus einem Land, wo der Ginster blüht, wo man bis zum Horizont nur Wald und Wiesen sieht.« Das Lied von Ulrik Remy führt uns direkt nach Bad Marienberg, in den »Park der Sinne«.

Geparkt werden kann auf dem Parkplatz der Tourist-Info in der Wilhelmstraße 10. Nicht nur die jüngsten Besucher haben jede Menge Spaß an der Baumelbank, wo Seele und Beine gleichermaßen »baumeln« dürfen. Auf dem Barfußweg im »Park der Sinne« wartet ein Rundweg mit 18 verschiedenen Bodenbelägen. Es macht Laune, die kantigen Holzhackschnitzel und den Unterschied zum harten Natursteinpflaster zu erfühlen, die kribbelnden Tannenzapfen oder den weichen Rindenmulch zu erleben. Schwarz-weiße Bitumenflächen, runde Flusskiesel, aneinandergereihtes Rundholz, raue Baumscheiben und frischer Rasen dürfen ebenfalls erlaufen werden. Rundum ist eine bunt blühende und duftende Blumen- und Streuobstwiese angelegt. Zum Barfußweg gehören außerdem zwei Kneipp-Armbecken, ein normales Fußtretbecken und eine Möglichkeit, die Schuhe aufzubewahren.

Über 100 Pflanzen – von der Königskerze bis zum Lavendel – haben im Apothekergarten, ein Stückchen weiter vorne, ihren Platz. Er wurde in Form eines klassischen Klostergartens angelegt. Eine Boulebahn gibt es auch. Boulekugeln können bei der Tourist-Information gegen einen Pfand von 10 Euro geliehen oder in der Buchhandlung Millé gleich gekauft werden. Das ist interessant für alle, die gerne wiederkommen möchten. Das zauberhafte Fleckchen Erde lohnt immer einen Besuch.

Hoch hinaus

06

Kletterwald
—> Wildparkstraße 17a,
56470 Bad Marienberg

Alle Kinder, die hoch hinaus und über ihre eigenen Grenzen klettern möchten, finden im Kletterwald in Bad Marienberg ein Abenteuer der besonderen Art. Seilbrücken, lange Seilbahnen und Tarzansprünge bieten den Besuchern in Höhen von einem bis 12 Metern ein Spektrum, das keine Wünsche offenlässt. Die unterschiedlichen Schwierigkeitsstufen sorgen dafür, dass bei kleinen, aber auch bei großen Sportlern Mut und Selbstvertrauen gleich mitwachsen. Ergänzt wird die Kletterlandschaft von einem Partnerparcours und einer zehn Meter hohen Sportkletterwand. Insgesamt bescheren 120 Elemente außergewöhnliche Stunden unter freiem Himmel.

Auch die jüngsten Familienmitglieder dürfen sich schon beweisen. Mit dem Smart Belay-Sicherheitssystem können Kinder ab sechs Jahren in Begleitung eines Erwachsenen und ab neun Jahren mit einer Greifhöhe von 1,60 Meter eigenverantwortlich in dem weißen, dem gelben, dem grünen und dem blauen Parcours klettern. Der orangene, der rote Parcours sowie der hellblaue Partnerparcours sind ab zehn Jahren, die schwarzen Strecken ab 12 Jahren und einer Greifhöhe von 1,80 Meter begehbar. Wird die Greifhöhe nicht erreicht, ist die Begleitung eines Erwachsenen nötig. Der »Klettermaxe« darf schon von Dreijährigen erobert werden. Für große und kleine Besucher gibt es eine eigene Kletterwald-Ausrüstung. Auch festes Schuhwerk ist unerlässlich – Sicherheit geht vor. Direkt gegenüber vom Kletterwald liegt Mannis urgemütliches Hüttenstadl – für müde, aber glückliche Kletterer.

Vom Waschbär bis zum Wildschwein

Wildpark in Bad Marienberg
—> Wildparkstraße,
56470 Bad Marienberg

Am westlichen Stadtrand von Bad Marienberg lädt ein großzügiges Wald- und Wiesengelände die ganze Familie zum Wandern, Spazierengehen und Verweilen ein. Rund 100 Tiere sind hier zu Hause.

Rot- und Schwarzwild, Waschbären, Wildschweine und Alpakas bevölkern den vier Kilometer langen Rundweg, der über das ganze Jahr kostenlos besucht werden kann und im Bereich des Tiergartens barrierefrei ist. Der Kinderwagen kann also auch mit.

Wer den Nordeingang an der Steig-Alm nutzt, kommt gleich zum Streichelzoo und zum großen Abenteuerspielplatz. Kinderkarussell, Schaukel, Klettergerüst, Sandkasten, Rutsche, Autoscooter und Bagger stehen zur Verfügung. Der Streichelzoo ist magischer Anziehungspunkt gerade für die jüngsten Besucher. Füttern ist möglich. Artgerechtes Futter findet sich für einen Euro pro Becher in den aufgestellten Automaten am Wegrand. Jeder kann hier losmarschieren, wie er mag, Wildpark-Ranger Ralf Scherm bietet zudem im Sommer für Familien mit Kindern Führungen an.

Wer einmal einem Falkner über die Schulter schauen möchte, kann dienstags bis freitags um 16 Uhr, am Wochenende um 11.30 Uhr und um 15 Uhr sowie nach Vereinbarung den Flugvorführungen folgen.

Am Rande des Wildparks steht der 17,3 Meter hohe sechseckige Hedwigsturm. Von ganz oben hat man einen Fernblick in den Westerwald, das Siebengebirge, den Taunus und die Eifel. Der Weg ist Teil des beliebten Westerwaldsteigs. Tische und Bänke aus Baumstämmen machen ein zünftiges Familien-Picknick möglich.

07

Tier- und Pflanzenwelt
rund um Schloss und Burg
in Sayn

Verkleiden und Entdecken

Fürstenschloss mit Museum

—> Schloss-Straße 100, 56170 Bendorf-Sayn

Museumsbesuche sind oft trocken für Kinder. Und auch im Neuen Museum von Schloss Sayn ist es nicht sicher, ob sich die Kleinsten für die reizvollen Fotografien der »Mamarazza«, der Mutter des Fürsten, interessieren – obwohl diese vom Glanz vergangener Tage erzählen. Aber während die Großen sich sehr gerne über das Leben der Familie von Fürst Alexander und Fürstin Gabriela zu Sayn-Wittgenstein-Sayn informieren, finden auch die Jüngsten hier spannende Momente.

Disco, der lustige Pudel, führt durchs Schloss. Da ist ein Ballkleid samt Unterkleid in Miniaturform nachgenäht. Direkt dahinter hängt das Gemälde der dazugehörigen Feier. Dort ist die rote Seifenkiste, mit der der Fürst selbst erfolgreich Rennen bestritten hat. Dann kommt der Blaue Saal mit der großen Festtafel von Fürstin Leonilla, den Hochzeitskleidern der Prinzessinnen und das kleine Schmetterlingskabinett mit den Lupen und Riechproben. Gleich daneben hängen die Bilder des Hauspersonals – ein Diener wurde sogar zum Helden. Auch die Schlosskapelle mit dem Armreliquiar der Heiligen Elisabeth wird stumm bestaunt. Aber das Schönste und für Kinder sicher Wichtigste, ist die Möglichkeit, sich direkt am Eingang zum Museum stilecht zu verkleiden und selbst einmal als Schmetterlingsforscher zu erfahren, dass Schmetterlinge mit den Füßen riechen oder als Prinzessin oder Prinz auf den Spuren des Adels zu wandeln. Mama und Papa dürfen mitmachen. Das ist dann, als würde man im Museum die Familie besuchen. Infos unter www.sayn.de.

Schillernde Falter und Koi-Karpfen

Schmetterlings-Paradies

—> Koblenz-Olper-Straße 164, 56170 Bendorf

Zwischen alten Bäumen, Teichen und Bächen laden zwei Pavillons in den »Garten der Schmetterlinge« ein.

Hier, im tropischen Klima, leben zwischen Weißem Ingwer, Bambus und Pampelmuse merkwürdige Tiere. Zum Beispiel die wandelnden Bohnen aus Australien und die Gespensterschrecken. Hauptakteure sind aber die in allen Farben schillernden exotischen Schmetterlinge, die wöchentlich aus den tropischen Regionen der Welt als Puppen nach Sayn kommen. Chinesische Zwergwachteln, Leguane, Koi-Karpfen und Schmuckschildkröten wohnen ebenfalls hier.

Durch eine Klimaschleuse gelangen die Besucher in das Raupen- und Nachtfalterhaus, wo sie die winzigen Eier von Schmetterlingen finden, die gefräßigen Raupen und die geschickt verborgenen Puppen. Mit etwas Glück entdecken sie auch den Attacus Atlas, einen der größten Schmetterlinge der Welt (Flügelspanne bis zu 30 cm). Kinder können zudem ein spannendes Quiz lösen.

1987 hat Fürstin Gabriela zu Sayn-Wittgenstein-Sayn dieses kleine Paradies gegründet. Die Eintrittskarten gelten den ganzen Tag. Die Besucher können zwischendurch auf den Spielplatz oder zum Lehrpfad im Park, wo Lebensräume für Bienen, Käfer, Libellen, Spinnen, Vögel und Amphibien vorgestellt werden. Wer den Eintritt für das Schloss Sayn zahlt, kann auch den Schmetterlingspark gegenüber besuchen und umgekehrt. Das lohnt sich immer. Kinder lieben auch die bunten Souvenirs, die so schön zum Thema passen. Übrigens: Kindergeburtstage lassen sich hier prima feiern. Infos: www.sayn.de.

Wie im Märchen

Schloss Braunfels
—> Schloss 1, 35619 Braunfels

Wer Schloss Braunfels sieht, denkt unwillkürlich an ein Märchenschloss. Wie im Bilderbuch thront das herrschaftliche Domizil auf der Spitze eines Basaltkegels und grüßt schon von Weitem. Seit fast 800 Jahren ist das Schloss im Familienbesitz und längst ein lebendiges Kulturdenkmal, reich an ganz besonderen Kunstschätzen und sogar heute noch von der Familie bewohnt.

Bei einer Führung lässt sich alles toll entdecken. Es gibt Familienführungen, die speziell auf die jüngeren Gäste zugeschnitten sind. Anhand von Redewendungen wie »Hast du was auf dem Kerbholz?« sowie Sprichwörtern und Anekdoten erfahren aber nicht nur kleine Gäste viel Interessantes aus vergangenen Zeiten. Auch Meisterführungen zu ausgewählten Themenschwerpunkten gibt es, interaktive Führungen für Gruppen und schließlich spannend gestaltete Erlebnisführungen speziell für Schulklassen und Kindergartengruppen.

Das freundliche Café im Schloss lädt zum Verweilen ein und bietet Snacks und Erfrischungen – in der Sommerzeit täglich, im Winter jedes Wochenende sowie in den hessischen Schulferien. Geburtstage stehen unter einem Motto, zum Beispiel »Prinzessin Luise und Ritter Gustav« – eine Märchentour mit Suchspiel für 5 bis 8-jährige Prinzessinnen und Ritter. Oder »Härmel, das kleine Gespenst« mit einer Erkundungstour über den Kanonenplatz, durch den tiefsten Keller bis hinauf auf den höchsten Turm. Es gibt vieles zu erleben.

Infos unter: www.schloss-braunfels.de.

124 Stufen zur Traumwelt

Tropfsteinhöhle
—> An der K68, 35767 Breitscheid

Stalaktiten und Stalagmiten – wie war das noch? Nach einem Besuch in der Schauhöhle Herbstlabyrinth in Breitscheid kennt die ganze Familie die Antwort.

124 Stufen tief geht es in diese einmalige Welt, in der die Fantasie blüht, sobald es im Dunkeln beginnt zu funkeln. Dort werden Tropfsteine zu Traumgebilden. Der Besuch der Tropfsteinhöhle ist in kleinen Gruppen mit 13 Personen möglich. Die Höhle steht unter Denkmal- und unter Naturschutz. Daher wurde der Ausbau des Führungsweges so gestaltet, dass in der Höhle alles unberührt und unverändert bleibt. Die Handwerker, die Licht und Wege installierten, waren allesamt zugleich Höhlenforscher. Geführt wird die etwa einstündige Tour von Fachleuten, die spannende Fakten zu Tropfsteinen, Formen und Höhlenforschung erzählen. Wer will, kann einmal einen Tropfstein anfassen und sogar einen – sage und schreibe – 30.000 Jahre alte Höhlenbärenknochen. Es ist ein einmaliger Ausflug in einen 80 Meter langen und bis zu 32 Meter hohen Raum unter Tage. Spektakulär ist der extrem reine Sinterschmuck (Sinter wird das Gestein genannt, das durch mineralische Ablagerungen entsteht).

Das Höhlensystem wurde 1993 entdeckt und hat eine Gesamtlänge von über 13 Kilometern. Die Schauhöhle Herbstlabyrinth gehört wegen der innovativen Beleuchtung und einer Stegekonstruktion aus GFK-Material zu den modernsten der Welt und ist die erste Tropfsteinhöhle mit vollständigem LED-Beleuchtungskonzept in Europa. Infos unter www.schauhoehle-breitscheid.de. Geöffnet ist samstags und sonntags und an hessischen Feiertagen.

12
Heimat

Märchenhaft

Märchenpark im Wald

—> Paul-Morant-Allee 3, 65558 Burgschwalbach

Märchenhaft geht es in Burgschwalbach zu. Ein beliebtes Ausflugsziel für die ganze Familie, vor allem natürlich für die Kleinsten, ist seit über vier Jahrzehnten der dortige Märchenwald. Der große Waldspielplatz liegt oberhalb der Burg Schwalbach, in unmittelbarer Nähe von Sportplatz und Tennisanlage und ist mit einer Vielzahl an Kinderspielgeräten, Hütten und Sitzmöglichkeiten ganzjährig geöffnet.

Wer das Eingangstor durchschreitet, betritt die Welt von Hänsel und Gretel und lernt die Hexe und ihr Hexenhaus kennen. Die Miniaturnachbildung der Burg Schwalbach lässt die Minis zu kleinen Rittern werden. Und das große Schiff zaubert im Handumdrehen Kapitäne, Steuermänner und Matrosen in den Wald – manchmal auch Piraten. Infotafeln über die Bäume und die Waldbewohner gibt es ebenfalls.

Schulen, Kindergärten und Geburtstagskinder können sich beim Heimatverein jederzeit eine der drei Hütten (bis zu 15, 20 oder 40 Personen) kostenlos reservieren lassen. Rauchen und Grillen sind hier wegen der Brandgefahr verboten.

Die Anlage wurde vom Heimatverein Burgschwalbach bereits 1962 geschaffen. Die Instandhaltung und Pflege der Geräte und Einrichtungen geschieht ehrenamtlich durch die engagierten Mitglieder und Freunde des Heimatvereins. Die Finanzierung der Anlage erfolgt ausschließlich durch Mitgliedsbeiträge und Spenden. Der Eintritt in den Märchenwald ist frei. Reservierungen bitte unter www.heimatverein-burgschwalbach.de vornehmen. Dort gibt es auch eine Märchenrallye.

13 Eiszeiten

Eissportzentrum Diez
—> Am Hallenbad 4, 65582 Diez

Ende September hört die Eis(schleck)zeit auf und die Eis(lauf)zeit beginnt: Wer sich jetzt oder in den Wintermonaten mit seinen Kindern aufs Glatteis wagen möchte, ist in der Diezer Eishalle willkommen.

Die Sporthalle in der Grafenstadt ist der Landesstützpunkt Rheinland-Pfalz für Eishockey und Eiskunstlauf und wird von einer gemeinnützigen Genossenschaft geführt. Die 1980 eröffnete Eissporthalle in Diez gehört zu den größten Hallen in Deutschland. Die Spiegelfläche lockt mit einer Größe von 60 mal 30 Metern – Platz genug für die ersten Runden, die nach und nach immer größer und eleganter werden.

Die Vereine bieten ein vielseitiges Angebot für alle Altersklassen. Wer sich alleine noch nicht traut, kann beim ERC Diez einen Anfänger- oder Fortgeschrittenenkurs zum Schlittschuhlaufen buchen. Aber auch beim Eishockey-Training darf jeder mal reinschnuppern. Wettbewerbe im Eiskunstlauf oder Musicals wie »Weihnachtszauber on Ice« gehören zu den beliebten Zuschauermagneten.

Schlittschuhe gibt es hier erfreulicherweise zum Leihen ebenso wie praktische Laufhilfen und einen Kufenschleif-Service. Jeden Samstagabend ist von 20 bis 24 Uhr Fun-Night, die zahlreichen Veranstaltungen und tagesaktuellen Öffnungszeiten werden auf der Homepage unter www.eissportzentrum-diez.de angekündigt. Kinder lassen sich auch beim Geburtstag gerne aufs Glatteis führen. Und wer hier tüchtig geübt hat, kann in der Weihnachtszeit einen kleinen Seitensprung machen und auch den 14-tägigen Eiszauber in Elz besuchen.

Zeitreise durchs Grafenschloss

Museum im Grafenschloss
—> Schlossberg 8, 65582 Diez

Schneeweiß wie ein Märchenschloss mit seinen Türmchen und Törchen erhebt sich der Sitz der ehemaligen Grafen von Diez über dem Lahntal und der Altstadt. Das Schloss (mit Trauzimmer) wird seit etlichen Jahren auch als Jugendherberge genutzt. Im angegliederten Museum (Eintritt im Schlosshof) ist die wunderbare historische Sammlung der Stadt als Dauerausstellung zu sehen.

Hereinspaziert – vier Etagen mit mehr als 720 Quadratmetern Ausstellungsfläche ermöglichen großen und kleinen Besuchern den Eintritt in die Vergangenheit. Der Bogen spannt sich von rund 380 Millionen Jahre alten Versteinerungen der Devonzeit bis hin zur Elektrotechnik der frühen Moderne. Im Keller, in der Zeit der Kelten und Franken, finden sich beispielsweise Mahlsteine, die demonstrieren, wie das Getreide schon damals zerkleinert wurde.

Auf der Museumstour gibt es immer etwas zum Anfassen, Hören, Riechen und Ausprobieren. Zum intensiven Erleben der Geschichte bietet das Haus, das von Dr. Alfred Meurer geführt wird, neben Sonderausstellungen auch immer wieder tolle Mitmachaktionen an. Zum Beispiel können Kinder im Alter von 6 bis 12 Jahren das Leben in historischen Rollen nachspielen. Als historische Schreiber, als Münzschläger und sogar als Strafgefangene. Das museumsdidaktische Programm wird laufend erweitert. Auf Wunsch bietet das Museum auch maßgeschneiderte Kinderführungen, Kindergeburtstage, thematische Führungen für Klassen und ein Museumsquiz an. Infos unter www.museumdiez.de.

14

15

Freizeit im Hain

Großer Abenteuerspielplatz
—> Lindenallee 5, 65582 Diez

Die Diezer lieben ihren Hain, einen zauberhaften kleinen Stadtwald, der die ganze Familie zum Spazierengehen und Austoben unterm grünen Blätterdach einlädt und der über das ganze Jahr besucht werden kann.

Der Hain wird von einem weit verzweigten Wegenetz durchzogen. Die meisten Wege führen vom Sternplatz aus strahlenförmig in alle Richtungen. Sehenswert ist der Blick von der Teufelskanzel über die Diersteiner Aue. Im Hain warten ein Minigolfplatz auf engagierte Spieler, ein Freiluft-Mensch-ärgere-dich-nicht auf schlaue Köpfe, Tennisplätze auf ehrgeizige Sportler, eine Boulebahn auf geschickte Werfer, ein Abenteuerspielplatz auf fröhliche Kinder und das beliebte Café im Hain mit selbst gebackenem Kuchen auf hungrige und durstige Gemüter.

Der Wald- und Abenteuerspielplatz kommt beim Jungvolk besonders gut an. Die Kleinsten lieben Nestschaukel und Wippe, die Älteren erfreuen sich an der Seilbahn und den vielfältigen Klettergeräten. Auch in heißen Sommern ist es im Hain angenehm kühl. Der Hain im Norden von Diez ist etwa 40 Hektar groß. Das Waldgebiet mit dichtem Eichen- und Buchenbestand hat, wie so vieles in Diez, eine echte Oranier-Geschichte: Fürst Wilhelm V. von Nassau-Oranien trennte damals einen Teil des Parks von Schloss Oranienstein ab und machte ihn im Jahr 1796 schließlich der Stadt zum Geschenk. Eine Säule auf dem Sternplatz im Hain erinnert an ihn. Zugang zum Hain bekommt man über den Christiansweg (Parkplatz), die Hainstraße und die Lindenallee (Parkplatz).

16 Lama-Führerschein

Besuch bei Nadja Quirein
—> Wohngebiet Schläfer, 65582 Diez

Sie lieben Tiere? Dann besuchen Sie doch einfach mal Nadja Quirein und ihre vierbeinigen Freunde in Diez, ganz am Ende des Wohngebiets Schläfer, unterhalb der Reithalle.

Lennard, Pedro, Edelbert, Merlin und Momo gehören zu den Neuweltkameliden und leben hier auf einer großen Weide. Die drei Lamas und die Alpakas sind, so wollig, wie sie auch aussehen, keine Kuscheltiere. Anleitung im Umgang ist also wichtig. Dafür sorgt Nadja Quirein. »Einfach die Leine schnappen und losmarschieren geht nicht«, erzählt die Lamafreundin lachend. Hier muss zunächst ein Kennenlernen stattfinden. Wenn das Vertrauen erarbeitet wurde, ist eine Annäherung möglich und dann darf auch der Hals sanft berührt werden.

Nadja Quirein ist Achtsamkeitstrainerin, Dozentin und Journalistin. Sie kennt ihre Tiere von A bis Z und hält Bildungsangebote für Schulen und Kindergärten, aber auch für Familien und Einzelpersonen bereit. Auch kleine Leute können schon bei ihr einen Lama-Führerschein machen oder mit den Eltern einen Spaziergang mit den Tieren buchen.

Unterscheiden kann man die Tiere über die Ohren – Lamas haben nämlich gebogene Ohren, die von der Form her an Bananen erinnern, Alpakas dagegen haben spitz zulaufende Ohren, so wie der Buchstabe A. Die Besucher lernen viel Wissenswertes und Schönes beim Besuch in Diez, auch dass die Tiere, wenn sie zufrieden sind, leise summen. Nadja Quirein hat auch ein Kinderbuch über ihre Lamas geschrieben. Infos und Kontakt unter www.lamaherz.de.

Rutsche wie ein Wasserfall

17

Oranienbad

—> Am Hallenbad 1, 65582 Diez

Herzlich willkommen, heißt es »Am Hallenbad«, gleich gegenüber dem Diezer Eissportzentrum, für alle Wasserratten!

Im »Oranienbad Diez-Limburg« wartet viel Badespaß mit Freizeit- und Sportmöglichkeiten auf die ganze Familie. Es gibt vier Becken, darunter das Wettkampfbecken mit fünf Bahnen (auch für das Ablegen der Schwimmabzeichen), das Sprungbecken mit dem 3-Meterturm und dem 1-Meter-Brett, ein freundliches Babybecken mit nur 30 Zentimeter Höhe und den tollen Kinderbereich, der auf zwei Etagen aufgebaut wurde. Die breite Rutsche wirkt wie ein Wasserfall, Bodensprudler, Massagedüsen, Gegenstromdüse und Wasserkanonen sorgen für Freude und müde kleine Krieger abends. Das Nichtschwimmerbecken ist im tiefsten Bereich 1,40 Meter hoch. Zwei Mitarbeiter stehen immer für die Sicherheit bereit, auch in der Saunaanlage, die einen stündlichen Aufguss bietet. Schön ist auch die integrierte Gastronomie, die sich sozusagen am »Beckenrand« findet. Wenn die jungen Schwimmbadgäste schon sicher unterwegs sind, können Mama und Papa hier noch in Ruhe Kaffee trinken.

Das Diezer Oranienbad hat täglich geöffnet, außer in den ersten vier Wochen der Sommerferien in Rheinland Pfalz und an den Weihnachtsfeiertagen. Das Diezer Schwimmbad wurde im Jahr 1962 erbaut und 2014 teilsaniert. Eine weitere Sanierung steht demnächst an. Schwimmhilfen und Tauchringe können an der Kasse erworben werden. Informationen gibt es unter www.oranienbad.de.

Puppenhaus
3
5
Puppenhaus in Diez

Knöpfe in den Ohren

18

Puppen- und Bärenhaus
—> Emmerichstr. 5, 65582 Diez

Schon das schmale, rosafarbene Haus hat ein wenig Magie und zieht die Blicke auf sich. Es sieht schon aus wie ein Puppenhäuschen. Und wenn man seinen Ausflug an einem Dienstag, Donnerstag (von 15 – 18 Uhr) oder Samstag (von 10 – 13 Uhr) macht, erlebt man beim Besuch bei den kleinen Bewohnern noch viel mehr Zauber.

Die ehemalige Spielzeughändlerin Ingrid Diehl hat hier im Laufe der Jahrzehnte eine einzigartige Steifftier- und Puppensammlung zusammengetragen. Bären, Elche, Ratten, Eichhörnchen, Hunde, Füchse – das ganze Tierreich ist mit dem Knopf im Ohr vertreten und grüßt von den Regalen und aus den Vitrinen. Die kleinsten Steiff-Bären sind gerade mal fünf Zentimeter groß. Alles ist noch aus deutscher Produktion.

Mitten unter ihnen leben die Puppen. Auch sie wurden handgemacht und stammen von berühmten Künstlern wie zum Beispiel Käthe Kruse. Viele von ihnen gab oder gibt es nur in limitierter Auflage. Sie bestechen mit ihren lebendigen Gesichtern und den schönen Kleidern aus allen möglichen Zeiten. Ein Hingucker ist auch das kleine Kaffeekränzchen. Auf schicken, samtbezogenen Stühlen und Sesseln trinkt die Puppengesellschaft Tee. Dann und wann begegnet die Besucher einer Marionette oder einzelnen Gliedmaßen. Im Puppenhaus werden Puppen nämlich auch geflickt und wieder hergerichtet – gesund gepflegt also.

Wer mehr wissen möchte, geht am besten selbst mal hin. Steiff-Tiere und Puppen können auch gekauft werden. Infos unter www.puppenhaus-diez.de.

Geheimnisvoller Berg

Ewiges Eis

—> Parkplatz an der L3278, 65599 Dornburg

19

Für uns war es noch was ganz Besonderes. Wir hatten richtiges Herzklopfen, wenn wir zum Ewigen Eis wanderten«, erinnert sich Tante Marlies gerne. In digitalen Handy- und Computerzeiten ist das Staunen vielleicht nicht mehr ganz so groß, trotzdem ist das Ewige Eis in Dornburg nach wie vor ein in Hessen einzigartiges Phänomen. Es findet sich am Südhang der Basaltkuppe Dornburg bei Frickhofen in Richtung Wilsenroth. Ab dem Parkplatz an der L3278 geht es ein kurzes Stück in den Wald, bis der Berg mit den großen Steinen und der Geröllhalde auftaucht. Hier sind zwei vergitterte Schächte zu sehen. Dahinter liegt das Eis – den kalten Lufthauch kann man spüren.

Die Menschen hatten zunächst keine Erklärung für das Phänomen und erfanden Geschichten über das ungewöhnliche Eis. So entstand die Legende von den zwölf goldenen Apostelbildern, die versteckt werden mussten und in zwei tiefe Brunnen an dieser Stelle versenkt wurden. Sie froren sofort zu. Übrigens wurden in dem Berg auch römische Münzen gefunden. Bereits 1938 haben Arbeiter im Sommer an dieser Stelle Steine für den Straßenbau abgetragen und stellten fest, dass der Boden gefroren war. Untersuchungen ergaben, dass die Eisschicht an manchen Stellen sogar fünf bis acht Meter tief ist. Auch die Steine sind mit einer Eisrinde umgeben und an manchen Felsbrocken innen hängen Eiszapfen. 30 Jahre später wurde etwa 400 Meter weiter eine Bierbrauerei erbaut und die beiden Eisstollen wurden angelegt.

Willkommen auf dem Talhof in Thalheim: »Natürlich erleben«, so lautet die Philosophie des Familienunternehmens, das viel mehr zu bieten hat als »nur« den Verkauf und die Reparaturen von Feld- und Gartengeräten sowie Traktoren. Hier gibt es viel zu entdecken. Kein Wunder also, dass oft die ganze Familie mitfährt, wenn der Papa einen Traktor sucht. Während der sich nämlich von Stefanie Sa-

Zu Besuch beim Vogel Strauß

20

Straußenfarm im Westerwald

—> Talhof, 65599 Dornburg-Thalheim

bel oder ihren Eltern Heinz und Thea Sabel beraten lässt, können die anderen mal einen staunenden Blick auf die 60 Strauße werfen, die die Straußenfarm beherbergt.

So ein Strauß flößt ganz schön Respekt ein. Ein Hahn, der ausgewachsen ist, wird über zwei Meter fünfzig groß und wiegt am Ende rund 150 Kilogramm. Deshalb ist alles sicher abgezäunt, aber auch prima zu sehen. Die Tiere können ihre langen Hälse tatsächlich in alle Richtungen biegen. Dagegen näher dran kann man an die Straußenkinder, die es jährlich zu sehen gibt. Anfassen kann man zudem die kleinen Katzenkinder, die gerne den Hof überqueren oder durch die Deko-Scheune flitzen. Oder die Fuchsschafe mit ihren Lämmchen. Oft gibt es auch junge Kaninchen.

Der Talhof liegt inmitten der Natur, der Blasiussteig geht direkt am Haus vorbei. Hier führt ein fester Rundweg um die Farm. Nach Absprache macht Heinz Sabel auch eine Führung und fährt seine Gäste mit dem Straußenexpress rund um das Gehege. Nach Absprache oder zu besonderen Gelegenheiten gibt es im Straußen-Café Limo und Kuchen.

Infos unter www.straussen-farm-sabel.de.

Zum Wohlfühlen

Spielplatz an der Seenplatte

—> Kreuzungsbereich K138, K1 und Seeburger Straße, 57629 Dreifelden-Steinen

Wer im Westerwald nach Ausflugszielen für die Jüngsten sucht, kommt um den Spielplatz zwischen Dreifelden und Steinen nicht herum. Er liegt am Kreuzungsbereich K138, K1 und Seeburger Straße, also genau an der Westerwälder Seenplatte und ist ein besonderer Geheimtipp für Familien.

Auf dem großzügig gestalteten, fantasievollen Waldspielplatz finden die Kinder ein El Dorado an Spielmöglichkeiten. Bewegung in der Natur ist angesagt. Hier können die jungen Abenteurer über verschiedene Ebenen hangeln, klettern, krabbeln, balancieren, rutschen und schwingen und immer wieder neue Wege entdecken. Mittendrin liegt ein kleiner Berg, von dem gerutscht werden kann. Zahlreiche Ruhemöglichkeiten wurden aufgebaut. Zum Essen und Trinken findet sich überall ein Plätzchen. Ganz bewusst haben die Verantwortlichen keinen Abfalleimer aufgestellt, sondern bitten mit einem Schild darum, dass der Müll zu Hause entsorgt wird. »Kuchen, Pommes und Kunststoff sind nicht für Waldbewohner geeignet. Die Mülleimer wurden bewusst entfernt, damit unsere tierischen Freunde sich artgerecht ernähren«, heißt es.

Der naheliegende Parkplatz eignet sich hervorragend als Ausgangspunkt zu verschiedenen Wanderungen wie zum Beispiel den »7-Weiher-Weg« an der Westerwälder Seenplatte.

Zahlreiche Bäume »behüten« die Kinder, spenden Schatten und sorgen gemeinsam mit dem Waldboden für den guten Waldgeruch. Ein Ort zum Wohlfühlen. Am Lächeln der Erwachsenen sieht man, dass auch sie gerne hier sind.

21

Wie Urlaub

Strandbad
→ Seeblick 1, 56412 Elbingen

Ein Sommertag am See ist wie Urlaub. Das gilt auch für das kleine Strandbad in Elbingen bei Hahn am See.

Der reizende See mit seinen etwa 400 Metern Länge lockt mit einem wunderbaren Blick ins Grüne, klarem Wasser (die Qualität wird regelmäßig vom Gesundheitsamt überprüft) und einem abgetrennten Nichtschwimmerbereich, sodass auch Kinder hier gut baden können. Eine Badeaufsicht gibt es allerdings nicht, also sollten Mama oder Papa gleich mitplanschen. Auf der gepflegten Liegewiese ist viel Platz, hier finden sich auch einzelne Spielgeräte.

Direkt oberhalb des Sees liegt die Pizzeria »Plaza am See«. Neben den italienischen Kochkünsten, die schon für viele Stammgäste gesorgt haben, bietet der gastronomische Betrieb den Badegästen auch einfach ein Eis oder eine Portion Pommes für zwischendurch. Ein Highlight ist die charmante, große Terrasse, auf der die Gäste sonnenverwöhnt werden und natürlich auch dann essen gehen können, wenn sie nicht schwimmen gehen möchten.

Die Badezeiten sind erfreulich flexibel auf alle Fälle von 9 bis 19 Uhr. Saison ist, sobald es warm wird, aber auch Winter- und Frühjahrsschwimmer melden sich schon mal an. Schlauchboote, Luftmatratzen, Stand-Up-Paddle und Schwimmnudeln sind erlaubt.

Geparkt wird kostenfrei direkt um die Ecke, im hinteren Bereich ist ein Campingplatz angegliedert. Im Winter läuft der eine oder andere hier auch mal Schlittschuh. Der See ist in Privatbesitz, Infos und Kontakt bei Nobert Munsch unter 06435-2554.

23 Ein bisschen gute alte Zeit

Elzer Anlagen
—> Anlagenweg, 65604 Elz

Das kleine Wäldchen auf dem Hügel wird »Die Elzer Anlagen« genannt.

Hier oben ist bereits im Jahr 1911 ein zauberhaftes Fleckchen Erde zum Spazierengehen und Flanieren entstanden. Damals waren Handy und Computer noch Fremdworte und der kleine Park, in dem die Zeit ein bisschen stehen geblieben ist, wurde rege genutzt. Aber auch heute können sich die Besucher hier abseits jeder Hektik erholen und erfreuen.

Gepflegt wird das reizende Naherholungsgebiet seit 1913 vom Elzer Verschönerungsverein, der seit 1996 von Karl Lindig geführt wird. Die Gruppe »Mittwochsrentner« sorgt mit all ihren Kräften für den Erhalt der Mini-Oase mit Spazierwegen, Baumlehrpfad und Ruheplätzen. Das Minigolf-Feld wurde immer wieder verschönt und bietet der ganzen Familie die Gelegenheit, den Schläger zu schwingen. Im sogenannten »Liebestempel«, einem kleinen hölzernen Häuschen, sollen sich einst die Elzer Liebespaare heimlich verabredet haben. Das Café Nussbaum ist verpachtet und bietet innen wie außen Platz zum Erholen und Erfrischen.

Die gesamten Elzer Anlagen sind Eigentum des Vereins, der alles auch selbst finanziert. Nur um den Spielplatz, der Anfang der 80er Jahre erbaut und immer wieder ergänzt wurde, kümmert sich die Gemeinde. Vor kurzem ist hier auch ein von jungen Eltern lange gewünschter Tisch mit Sitzplätzen hinzugekommen. Für die nächste Zeit plant der Verein einige Neuerungen. In den Anlagen finden auch immer wieder Feste und Märkte statt. Geparkt werden kann entlang des Turnplatzes.

GEM.ROSSKASTANIE
-AESCULUS HIPPOCASTANUM-
Heimisch auf dem Balkan. Durch Anbau weit verbreitet als beliebter Park-, Garten- und Alleebaum. Wird in Forsten auch als Wildfutter verwendet. Blüht von Mai bis Juni. Die Blüten sind weiß, mehr oder weniger deutlich rot und gelb gefleckt, in aufrechtstehenden, 30cm langes, breiten Rispen. Der Baum trägt hartstachelige, kugelige Früchte. Seine Samen sind glänzende, rotbraune Nüsse.
Bluten
Kastanien
Früchte

24 Wasserspaß auf 1.017 qm

Schwimmbad Elz

—> Sandweg 30, 65604 Elz

Das Elzer Schwimmbad gehört zu den schönsten Bädern im weiten Umkreis. Das bestätigen immer die Badegäste, die auch schon mal von weiter her kommen.

Auf die Besucher wartet ein 50-Meter-Becken mit sechs Bahnen plus Sprungbereich mit Einmeterbrettern und Dreimeter-Sprungturm. Insgesamt bietet das schöne Elzer Bad stolze 1.017 Quadratmeter Wasseroberfläche. Spiel und Spaß finden hier aber nicht nur im Wasser statt, sondern auch auf der rund zwei Hektar großen Liegewiese mit den alten Bäumen. Hier finden sich etliche Spielmöglichkeiten, darunter Tischtennisplatte, Freiluftschach, Volleyball-Feld und Basketballkorb.

Beliebte Attraktionen sind auch die Rutsche und die Schwalldusche sowie der separate Mutter-Kind-Bereich mit Babybecken und überdachter Sitzgelegenheit. Und etwas ganz Besonderes ist der Blick aus dem Becken über den schönen Westerwald.

Im Schwimmbad gibt es Angebote wie Aquajogging, Wassergymnastik und Schwimmkurse. Das Elzer Freibad wird mit einer thermischen Solaranlage geheizt – wenn erforderlich, wird die Gasheizung zugeschaltet, sodass normalerweise eine Wassertemperatur von 22°C gehalten wird.

Inhaber einer Elzer Saisonkarte für Kinder und Jugendliche können die Freibäder in Limburg (kleiner Aufpreis) und Hadamar (ohne Aufpreis) besuchen. Mit den Planungen für ein Freibad in Elz befasste sich Bürgermeister Josef Friedrich bereits 1963. Vier Jahre später wurde das Schwimmbad am 15. Juli 1967 eingeweiht.

Infos unter www.elz.de.

Trimm-dich wieder

25

Fitnesspfad mit Strichmännchen

—> Elzer Wald ab Parkplatz hinter dem Forsthaus, 65604 Elz

Als Ende der 60er und Anfang der 70er vom Deutschen Gesundheitswesen Alarm geschlagen wurde, da immer mehr Krankheiten der Menschen auf deutliches Übergewicht zurückzuführen waren, entstanden die sogenannten Trimm-dich-Pfade in Wäldern und Parks. Der Deutsche Sportbund mit Jürgen Dieckert und Jürgen Palm setzte die Idee um. Begleitet wurden die unkomplizierten Sportanlagen, die die ganze Familie kostenlos nutzen konnte, von dem Maskottchen »Trimmy«.

Die Idee war bahnbrechend, überall schossen die Fitness-Pfade aus der Erde. Jahre später sorgten die Jogging-Bewegung und die Fitnessstudios für andere Sportmöglichkeiten. Die Trimm-dich-Pfade verschwanden oder verfielen. In den letzten Jahren kamen viele Gemeinden aber auf den Trichter, moderne Fitnessgeräte zu installieren und die Bewegung wieder zum Leben zu erwecken. Im Elzer Wald warten noch einige der klassischen Fitnessgeräte, die die Spaziergänge unterhaltsam machen. An verschiedenen Stellen, auch am Parkplatz nach der Brücke im Wald, sind Schilder aufgestellt, die die Elzer Walking-Fitnessstrecke beschreiben und die Stellen kennzeichnen, an denen die Geräte zu finden sind. Das Strichmännchen zeigt außerdem verschiedene Übungen mit dem Nordic-Walking-Stock. Es gibt die kleine Strecke über die Mordschau und das Elzer Tröpfchen und den großen Rundweg bis Malmeneich.

Trimm-dich auf den Punkt gebracht, bedeutet nach wie vor: Jeder ist für seine Gesundheit und sein Wohlergehen selbst verantwortlich.

Donnergrollen, Qualm, Zischen. Plötzlich erzitterte der Berg, Aschewolken schossen in den Himmel: Vor rund 25 Millionen Jahren ist an der Stelle, wo jetzt der Stöffel-Park ist, ein Vulkan ausgebrochen, und Lavaströme konservierten die Fossilien. Und jetzt kehren wir zurück in unsere Zeit: Vor einigen Jahrzehnten

Zwischen Fossilien und Basalt

Der Tertiär- und Industrie-Erlebnispark Stöffel

—> Stöffelstraße, 57647 Enspel

haben Kinder beim Spielen einige dieser Fossilien gefunden. Schnell wurden Wissenschaftler darauf aufmerksam. Unter anderem fanden sie eine Art Flugmaus mit Gleithäuten zwischen den Vorder- und Hinterbeinen – die sogenannte Stöffelmaus. Ihren Namen erhielt sie von dem alten Flurnamen »Stöffel«. Danach ist auch das heutige große Freilichtmuseum benannt, das eine gelungene Synthese von Paläontologie, Tertiärpark, Industriedenkmal und Eventlocation ist.

Im Stöffel-Park geht es zum einen um die Erdgeschichte, zum anderen auch um den typischen Westerwälder Basaltabbau. Das Gelände verfügt über ein in seiner Vollständigkeit einzigartiges Ensemble von historischen Industriegebäuden. Im Erlebnisraum Historische Werkstatt laden Türen und Schränke zum Öffnen ein und die sprechende Mülltonne erzählt manche Episode. Im Schalthaus darf die Trafostation ausprobiert werden. Das weitläufige Gelände und die Erlebnismuseen sind gut auf eigene Faust zu erkunden. Auch ein Podcast sorgt für Infos. Und natürlich können Führungen gebucht werden. Mitmachen, selbst entdecken – das Zusatzangebot des Stöffel-Parks reicht von Pflanztagen für Kinder über Konzerte und Ausstellungen.

Infos unter www.stoeffel-park.de. Die Besuchersaison ist vom 1. März bis 31. Oktober.

27 Bootfahren und genießen

Postweiher

—> Hohe Straße 30, 56244 Freilingen

Sommervergnügen und Abwechselung verspricht der Freilinger Weiher, auch Postweiher genannt.

Das Naturstrandbad liegt herrlich am 13 Hektar großen See. Er gehört als einer der insgesamt sieben Weiher zur Westerwälder Seenplatte. Außer dem Freilinger Weiher zählen auch der Dreifelder Weiher, der Haiden-, der Hofmanns-, der Brinken-, der Wölferlinger- und der Hausweiher zu dieser Gruppierung. Die sieben Stauseen in Rheinland-Pfalz sind seit Herbst 2019 in Obhut der NABU-Stiftung Nationales Naturerbe. Insgesamt 228 Hektar Gewässer und Ufersaum konnten so dauerhaft für die Natur und die Region gesichert werden. Sie liegen innerhalb des Städtevierecks Hachenburg, Westerburg, Montabaur und Dierdorf.

Wenn Sie mit dem Boot auf dem idyllischen Postweiher herumpaddeln wollen, können Sie sich ein Tretboot oder ein Ruderboot ausleihen. Stand-Up-Paddling ist zur Zeit leider nicht mehr erlaubt. Der Freilinger Weiher lockt mit einer sauberen Liegewiese für etwa 1.500 Badegäste. Auf der gepflegten Anlage gibt es ausreichend Sonnen- und Schattenplätze sowie ein Volleyball- und ein Bocciafeld, Umkleidekabinen, natürlich Duschen, Toiletten und zahlreiche Parkplätze.

Der Postweiher wurde zusammen mit den anderen Seen der Seenplatte im 17. Jahrhundert durch den Fürst zu Wied mitten in dieser idyllischen Landschaft angelegt. Ein großer Campingplatz lädt ein, auch mal länger zu bleiben. Für Kinderspielgeräte sowie große und kleine kulinarische Freuden ist natürlich ebenfalls gesorgt.

WESTERWALD

Hier lebt Sally

Wildfreizeitpark Westerwald
—> Wildparkstraße 1,
56412 Gackenbach

Der Wildfreizeitpark Westerwald bietet Natur pur in wildromantischer Landschaft, idyllisch und doch zentral im Dreieck Montabaur, Bad Ems und Limburg gelegen. Das 64 Hektar große Gelände ist mitten im Naturpark Nassau, im schönen Gelbachtal, einem der romantischsten Seitentäler der Lahn.

Im Park spielen Natur, Umweltschutz und Nachhaltigkeit eine große Rolle. Fast 20 heimische oder ehemals heimische Tierarten – wie der Braunbär Sally – leben im Park. Das Dammwild sogar fast wie in freier Wildbahn! Auf gut präparierten Waldwegen kommen die Besucher in dem großzügigen Freigehege den Tieren ganz nah. Daneben lockt die 400 Meter lange Sommer-Rodelbahn, die die Besucher nicht nur gemütlich ins Tal bis kurz vor das Freigehege befördert, sondern ganz entspannt auch wieder den Berg hinauf. Genießen können alle Besucher auch den Abenteuerspielplatz, die Grillplätze (am besten vorher buchen) und die schönen Ausblicke in die Mittelgebirgslandschaft.

Der Park ist eine natürliche Oase der Entspannung! Angeleinte Hunde sind willkommen. Öffnungszeiten sind von Dienstag bis Sonntag (April bis Ende Oktober) von 9 bis 18 Uhr. Auch hier können Kindergeburtstage gefeiert werden. Die Tiere dürfen sogar gefüttert werden, allerdings nur mit Futter aus den Futterautomaten. Wer aktiv helfen möchte, kann eine Tierpatenschaft übernehmen. Alle Infos unter www.wild-freizeitpark-westerwald.de.

Übrigens: Der Parkplatz-Euro geht direkt an die Gemeinde Gackenbach. Er wird nicht vom Wildpark kassiert.

Abenteuer Holzbachschlucht

Holzbachschlucht
—> Wanderparkplatz zwischen Seck und Gemünden

Rauschendes Wasser über den großen Steinen, verträumte Wanderwege durch den Wald. Kinder spüren ihn sofort, den Geschmack von Freiheit und Abenteuer, der hier hinter jedem knorzigen Baumstamm lauert. Der Blick und der Abstieg in die Schlucht, der kleine Wasserfall, blühende Blumen am Wegesrand, Wasseramseln und der bläulich funkelnde Eisvogel auf den Ästen und besonders der Bach als Abenteuerspielplatz tun ihr Übriges. Die Holzbachschlucht ist ein kleines Paradies und ein Ausflug dorthin ist wie Ferien.

Das seit 1929 ausgewiesene Naturschutzgebiet mit den bis zu 30 Meter hohen Felswänden aus Basalt bietet für alle, die gut zu Fuß sind (festes Schuhwerk!) ein unvergessliches Erlebnis. Das Schutzgebiet hat eine Größe von rund 21 Hektar und erstreckt sich in einer Breite von ungefähr je 100 Metern zu beiden Seiten des Holzbachs in den Gemarkungen von Gemünden und Seck. Die Schautafeln erzählen über Lerchensporn, Scharbockskraut, Waldmeister und das gelbe Windröschen. Zum Farn unter den Bäume gesellen sich Märchenpflanzen wie das »Kräutlein Rührmichnichtan« und das Hexenkraut ebenso wie besondere Vögel und Schmetterlinge.

Der Holzbach ist ein knapp 14 Kilometer langer Zufluss des Elbbachs und entspringt östlich von Rennerod. Ab Höhe des Hofguts schlängelt sich der Holzbach über eine Strecke von anderthalb Kilometern durch die bis zu dreißig Meter tiefe Schlucht, die er in den Basalt gefräst hat. Im Hofcafé auf dem Dappricher Hof in Seck kann gerastet und geschmaust werden.

29

30

Pumptrack für kleine Biker

Parcours für Mountainbiker, Skater und BMX-Fahrer

—> Kantstraße 25, 57627 Hachenburg

Wissen Sie, was ein Pumptrack ist? Nein? Dann fragen Sie mal Ihre Kinder oder Enkelkinder. Die werden Ihnen erzählen, dass ein Pumptrack ein spezieller Parcours für Mountainbiker, Skater und BMX-Fahrer ist. Man kann sie vielleicht als kleine Berg- und Talbahn beschreiben.

Dank der Initiative eines damals Neunjährigen entstand nach Unterschriftensammlung und Geldsammlungen tatsächlich eine solche alters- und sportartübergreifende Begegnungsstätte. Und die kann sich nach wie vor sehen lassen. Auf einer Grundfläche von 2.500 Quadratmeter stehen für Anfänger, Fortgeschrittene, aber auch Leistungssportler ein Asphalt-Pumptrack und ein Kinder-Pumptrack zur Verfügung. Die verschiedenen Fahrlinien bieten zahlreiche Transfermöglichkeiten und bilden Bikepark-Elemente wie Kurven, S-Kurven, Sprünge und Wellen ab. Die Anlage hat eine spezielle asphaltierte Oberfläche und ist auch für sportliche Skateboarder, Longboarder, Inlineskater und Rollstuhlfahrer zugänglich. In einer Endlosschleife angelegt, verfügt der Asphalt Pumptrack über eine Fahrfläche von über 750 Quadratmeter und eine Fahrlänge von mehr als 170 Meter. Bei diesem Sport werden Gleichgewicht, motorische Fähigkeiten, aber auch Verhalten im Verkehr spielerisch trainiert. Der Kids-Pumptrack im Eingangsbereich der Anlage eignet sich perfekt für die jüngeren Besucher. Die eigens für Laufrad und Kleinkinder angelegte Strecke bietet eine asphaltierte Fahrfläche von rund 150 Quadratmeter. Die Anlage kann bei Tageslicht und trockenem Wetter genutzt werden.

Wer das einzigartige Landschaftsmuseum Westerwald besucht, kann Kindern wunderbar zeigen, wie anstrengend das Leben einst war oder andersherum, mit welcher Selbstverständlichkeit wir heute alles nutzen, was unsere Vorfahren in ihrer handy-

Leben in alten Zeiten

Landschaftsmuseum Westerwald
→ Leipziger Straße 1,
57627 Hachenburg

31

und computerfreien Zeit noch nicht hatten.

Das Museum mit den acht typischen Häusern der Region ist in den zauberhaften Burgpark eingebettet. Scheune und Backhaus erzählen ebenso alte Geschichten wie das Kleinhaus, in dem Menschen und Tiere unter einem Dach lebten. Im Mühlenhaus sieht man, wie Küche, Wohnzimmer und Schlafstube eingerichtet waren. Die alte Dorfschule zeigt, dass Welten zwischen den Lernmöglichkeiten früher und heute liegen. Die Ölmühle mit dem kleinen Wasserrad produzierte Brennöle, Schmieröle und nicht zuletzt Speiseöle – unerlässlich nach wie vor zum Braten der Lieblingspommes. Die Ölmühlen wurden mit Wasserkraft betrieben. Sie zerkleinerten und pressten verschiedene Ölfrüchte wie Raps, Leinsamen, Rüben, Sonnenblumenkerne, Bucheckern oder Eicheln. Zu sehen sind außerdem die Werkzeuge verschiedener Handwerker und alles, was zum Leben damals gehörte. Küchen- und Heilkräuter, Blumen, Garten- und Feldfrüchte sind auf Gartenflächen angebaut. Im Museumsladen gibt es unter anderem nostalgisches Spielzeug sowie Schul- und Schreibwaren von früher. Bei den Museumsfesten und Kursen ist auch für kleine Gäste Mitmachen angesagt. Infos unter www.landschaftsmuseum-westerwald.de. Und was zeigt wohl das Bild auf der linken Seite?

Der Löwe ist los

32

Hachenburg mit der Touristik-Info entdecken

—> Alter Markt 4 – 6, 57627 Hachenburg

Immer einen Ausflug wert ist Hachenburg. Auch Kinder fühlen sich in der kleinen Stadt mit dem malerischen Marktplatz sehr wohl. In der Mitte, auf dem Brunnen, thront ein goldener Löwe. Er ist das Wahrzeichen der Stadt und das Wappentier der Grafen von Sayn, die im Schloss lebten. Der goldene Löwe hat als Besonderheit einen zweigeteilten Schwanz. Warum das so ist? Das lässt sich zum Beispiel bei der Touristik-Info am Alten Markt erfragen.

Wer noch mehr wissen will, kann dort eine begleitete Stadtführung oder eine ebenfalls begleitete Stadtrallye buchen. Die Kinder dürfen dabei mit Hilfe von Fotos selbst Rätsel lösen. Da wird beispielsweise das Foto eines Kummerkasten-Elefanten gezeigt und die jugendlichen Besucher müssen dazu Fragen beantworten. Wer die Antworten nicht weiß, fragt einfach Passanten oder in den benachbarten Geschäften nach. Jeder Teilnehmer bekommt am Ende einen Apfel, der Sieger freut sich über einen goldenen Plüschlöwen.

Besonders gelungen ist übrigens die illustrierte kleine Stadtführer-Broschüre speziell für Kinder, die es ebenfalls in der Touristik-Info gibt. Unterhaltsam und spielerisch wird hier das mittelalterliche Städtchen mit seinem Schloss und seiner Geschichte vorgestellt ebenso wie der Vogthof und der Lesegarten, der Markt und die Kirchen. Damit das Raten, Malen und Ausfüllen leichter fällt, gibt es ein Mini-Päckchen Buntstifte dazu. Infos unter www.hachenburger-westerwald.de und bei der Touristik-Info Hachenburger Westerwald (Tel.: 02662-9699760).

Blick in die Tierwelt

Jagd- und Naturkundemuseum

→ Hohe Straße 17,
56244 Hahn am See

Das Jagd- und Naturkundemuseum in Hahn am See überrascht seine Besucher mit einer einzigartigen Naturkundeausstellung.

Jäger Günter Krumm aus Dreikirchen hatte einst die verschiedensten Tierexponate mit viel Liebe zum Detail gesammelt und in seiner Scheune ausgestellt. Was ursprünglich zur Ausbildung der Jungjäger gedacht war, wurde im Laufe der Jahre zur großen Sammlung, die ihresgleichen im heimischen Raum sucht. Als der Betreiber schweren Herzens die Pforten des Naturkundemuseums schließen musste, stand das Projekt kurz vor dem Aus. Dem entschlossenen Handeln der Verbandsgemeinde Wallmerod ist es zu verdanken, dass dieses Juwel erhalten blieb. Frank Häs betreute anschließend das Projekt ebenso leidenschaftlich wie sein Vorgänger, inzwischen kümmert sich der Wallmeröder Revierförster Dominic Kühner um das Museum und seine Gäste.

Auf Voranmeldung kann besichtigt und eine Führung gebucht werden. Auf zwei Etagen sind eine Reihe heimischer Tiere als Präparate zu sehen, darunter nicht nur die typischen Gartenvögel, sondern auch Eulen und Adler, natürlich der Dachs und Füchse, Wiesel, Hase und Frischling. Geweihe und Felle zieren die Wände. Das Jägerhandwerk sowie die dazu nötigen Geräte wie Gewehre und Fallen werden erklärt. Der Besucher lernt Tierspuren und die verschiedenen Getreide kennen. Für Familien, Schulklassen und Kindergärten ist das kleine Museum mit seiner großen Bandbreite ein tolles Erlebnis.

Infos und Kontakt unter www.wallmerod.de.

34

Wagen ohne Pferd

Draisinenhalle
—> Bahnhofstraße (Am Bahnübergang), 65558 Oberneisen

Unsere Geschichte beginnt im Jahr 1817, als eine Hungersnot dafür sorgte, dass viele Pferde nicht mehr arbeiten konnten. Da nun ein wichtiges Transportmittel fehlte, machte sich Freiherr Carl von Drais an die Arbeit und erfand den Vorläufer des Fahrrads, genannt das Ur-Fahrrad, die Laufmaschine oder Draisine, die vom Sitz aus mit den Füßen angetrieben wurde. Er nannte seine Erfindung »Wagen ohne Pferd«. Daraus entwickelte sich schließlich die Handhebel-Draisine, die im Anschluss wichtige Dienste leistete, zum Beispiel Arbeiter zu Baustellen brachte. Diese Handhebel-Draisine hat in der Mitte auf jeder Seite einen Griff, der hoch und runter gedrückt werden muss. Das Körpergewicht sorgt dabei für den Antrieb. Die Draisine läuft auf vier Rädern auf dem Gleis wie eine Eisenbahn und wird nicht gelenkt. Auf der Draisine bedienen vier Personen den Hebel, sechs bis acht Personen haben insgesamt Platz.

Dem Arbeitskreis Aartalbahn mit seinem Vorsitzenden Manfred Nickel ist es zu verdanken, dass es in Oberneisen noch acht gut erhaltene, fahrtüchtige Draisinen gibt, die auch zusammengekuppelt werden können. Heute sorgen sie für außergewöhnliche Ausflugsfahrten.

Start und Ziel ist die Draisinenhalle in Oberneisen. Gefahren wird auf einer der schönsten Mittelgebirgsstrecken in Deutschland, der Aartalbahn. Familien, Schulklassen, natürlich auch erwachsene Gruppen können diese »Teambuilding-Maßnahme« buchen. Sehenswürdigkeiten und Bewirtung runden das Erlebnis ab. Infos unter www.arbeitskreis-aartalbahn.de.

Wassergeschmack

Sprudelweg Zollhaus

—> Rundweg ab Parkplatz beim Kreml, 65623 Hahnstätten-Zollhaus

Vier Stunden Wandern ist für kleine Kinder noch viel. Aber mit Hilfe eines Wägelchens oder als Teilstrecke ist der Sprudelweg ein attraktives Wandervergnügen, gerade, weil es immer wieder eine neue Quelle zu entdecken gibt.

Der Rundweg im Taunus ist knapp 15 Kilometer lang, 234 Höhenmeter gilt es zu überwinden. Start ist in Hahnstätten-Zollhaus auf dem großen Parkplatz am Kulturhaus Kreml. Ein großes Schild beschreibt dort den Weg und die Sehenswürdigkeiten. Wer im Uhrzeigersinn läuft, wandert lange an der Aar entlang und besucht zunächst den Johannisbrunnen (Alter Römerbrunnen), den Antonius-Brunnen und die Mattebachquelle. Der Weg führt über weiche Wiesen- und Waldwege. Auch der Sauerbrunnen Dörsdorf, der Taunussprudel, der Grebeter Brunnen und der Schwaller Brunnen liegen auf der Strecke. Interessant ist die Strecke für Kinder vor allem wegen der Sauerbrunnen. Einige von ihnen gehen bis auf die Römerzeit zurück. Wer hier trinkt, hat jedesmal einen anderen Geschmack im Mund – je nach Mineralgehalt des Wassers.

Auch die Wälder, die oft die Möglichkeit geben, kleine Wanderstäbe zu finden und zu beschnitzen (Taschenmesser einpacken) und die Hochebenen mit den großen Fernsichten (ich sehe was, was du nicht siehst), sorgen für Abwechslung. Ein gepacktes Ränzlein und ein Picknick trösten über den langen graden Schotterweg (Loreley-Aar-Radweg), unterbrochen vom »Burgschwalbachblick« und »Drei-Länder-Eck« (Rastplatz mit Blick auf Mudershausen). Anschließend führt ein schmaler Pfad hinunter nach Zollhaus.

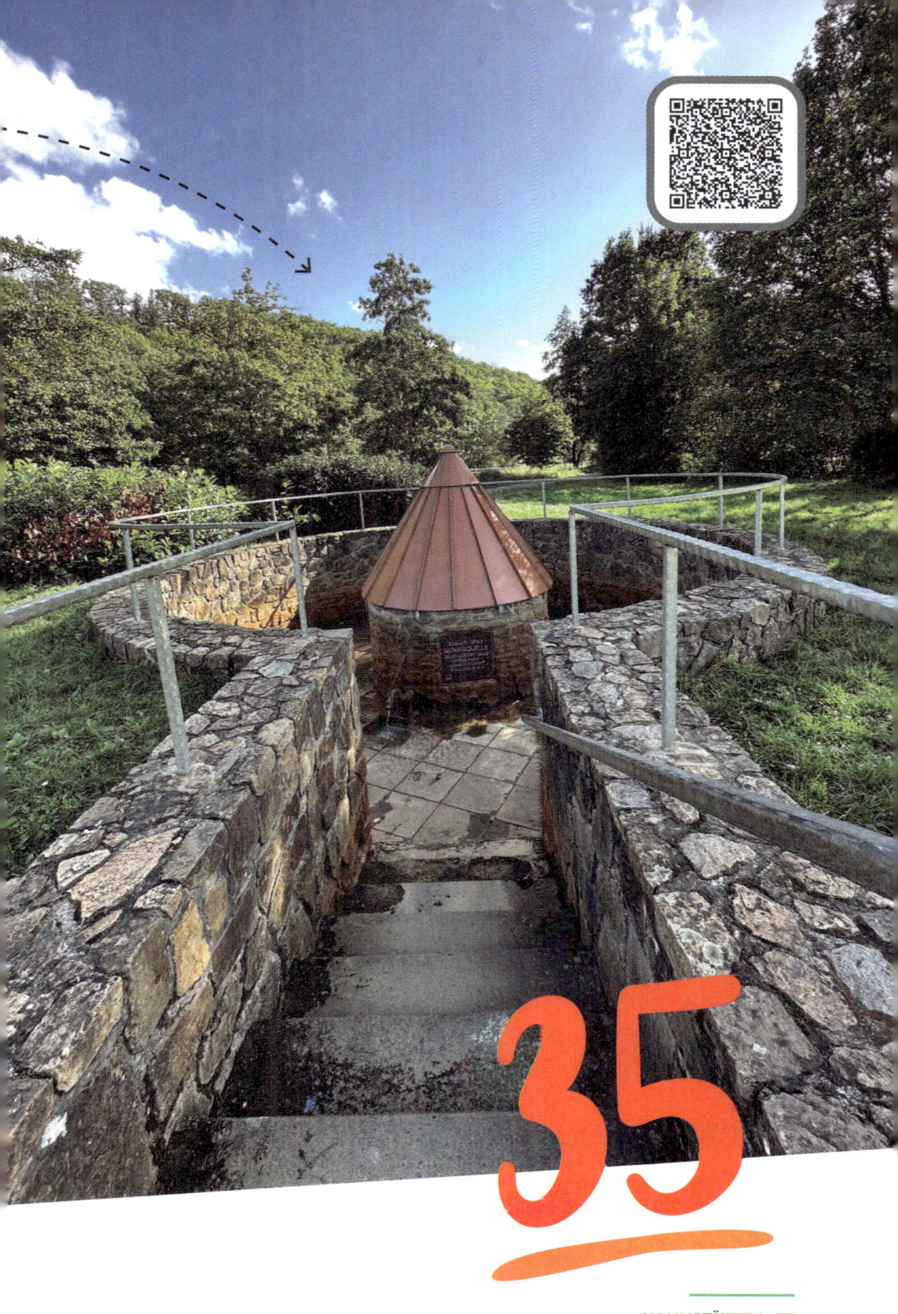

35

Mit allen Sinnen erleben

36

Naturerlebnispfad im Wald

—> Sportplatz, 65623 Hahnstätten

Die schlaue Eule auf dem Logo des Naturerlebnispfads Hahnstätten ist der Wegweiser und macht mit ihrem freundlichen Lächeln schon Lust auf mehr: Auf dem fünf Kilometer langen Waldweg in Hahnstätten lässt es sich nicht nur wunderbar spazieren gehen, hier erschließt sich den kleinen und großen Wanderern auch ein erlebenswertes Stück Waldleben.

Die Wanderung beginnt am Sportplatz Heideberg in Hahnstätten (Zufahrt über Abfahrt B54/ Hohlenfelsbachstraße, links Richtung Sportplatz), hier gibt es auch Parkplätze. Station 1 dient der Einstimmung und bietet Bewegungsmöglichkeiten und eine große Orientierungskarte zum Rundweg. Dann geht es aber gleich weiter zu den Nisthilfen und zum Baumtelefon, wo jeder mal hören kann, wie gut der Baum die Geräusche überträgt. Zwischendurch erklären immer wieder freundliche Schilder, welcher Baum an dieser Stelle wächst. »Mit allen Sinnen erleben« heißt das Motto – und das nicht nur an der Station Sinnespfad. Markierungen über historische Ereignisse, wie das Todesjahr Goethes 1832 und die erste Mondlandung 1969, verdeutlichen, wie alt Bäume werden können.

Dendrophon, Klangbaum, Tierweitsprung, Fühlfinder, Kriechtunnel und Blickrohr sorgen ebenfalls für jede Menge ungewöhnliche Unterhaltung, genau wie der Blick auf die Burg, die Brücke mit Durchblick, Tier-Haus-Nahrung, der Laubtunnel, Wasser, Hochsitz, Erdanschnitt und die Insektenwand. Die Geotour ist auch für Schulklassen und Kindergeburtstage eine wunderbare Sache.

Für junge Pferdefreundinnen und -freunde dürfte der Hof Sophiental in Hattert (Verbandsgemeinde Hachenburg) ein willkommenes Ziel sein. Im gepflegten Hofgut leben unter anderem drei Islandpferde, die den reitfreudigen Gästen zur Verfügung stehen. Die kleinsten Kinder können geführte Spazier-

Isländische Ponys

Hof Sophienthal
—> Sophienthaler Straße,
57644 Hattert

37

gänge erleben, ältere und erfahrenere Reiter kommen an die Longe oder können an einem Ausritt teilnehmen. Auch den artgerechten Umgang mit Ponys üben die jungen Gäste. Hierbei bietet der Pferdehof auch langfristigere Angebote wie ein Reitwochenende mit Übernachtung in der eigenen Ferienwohnung oder im Doppelzimmer an. Für alle Mahlzeiten, gerne auch aus der regionalen Küche, wird ebenfalls gesorgt. Das alles geschieht unter der fürsorglichen und sachkundigen Aufsicht von Mutter und Tochter, Kerstin und Isabel Specht.

Unbedingt mitbringen sollten die Vorschulkinder zum Reitvergnügen einen Fahrradhelm. Für ältere liegt eine Ausrüstung bereit. Was auch wichtig ist: Festes Schuhwerk und Hosen. Spitzenkleidchen eignen sich zum Tanzen, aber nicht zum Reiten.

Der Hof Sophiental ist über 200 Jahre alt und wurde liebevoll renoviert. Mit der Familie leben neben den Pferden auch Hunde, Hühner und Hasen. Der Hof liegt zur Rückseite hin malerisch im Grünen. Die weiten Wiesen und Weiden grenzen direkt an verschiedene Wanderwege. Kerstin Specht ist Wanderritt-Führerin und bringt viele Jahre Erfahrung mit. Infos gibt es unter www.hof-sophienthal.de.

Einfach bezaubernd ist der Walderlebnispfad in Heilberscheid. Auch kleinere Kinder dürften die etwa zwei Kilometer lange, steigungsfreie Strecke durch den Wald spielerisch bewältigen. Und was gibt es dort alles zu sehen: 28 Stationen laden zum Hinschauen, Mit-

Baumxylophon und Kohlenmeiler

Waldlehrpfad

→ Waldstraße 12 (gegenüber des Kindergartens),
56412 Heilberscheid

machen, Ausprobieren, Staunen und Entdecken ein.

Alle Stationen sind auf die Themen Wald, Holz und Tiere abgestimmt. Hier wurde mit Köpfchen, Fantasie und Muskelkraft ein Ideenpfad angelegt, der seinesgleichen sucht. Was am schönsten ist, lässt sich gar nicht sagen. Vielleicht das Baumxylophon? Der Kohlenmeiler oder das Baumtelefon? Die Schaukästen mit den ausgestopften Tieren, die einem die Bewohner des Waldes wie den Fuchs, den Marder, die Vögel Auge in Auge näher bringen? Oder die liebevollen Plakate und Ratespiele? Ziemlich am Ende, nahe der Waldglotze, steht jedenfalls die hohe Bank, auf der die Seele und die Beine einfach mal baumeln dürfen.

Ende des Weges ist wieder an der schönen Grillhütte, die gerne auch für Feste gebucht werden kann. Nicht nur der Weg mit seinen Stationen sorgt für erholsame Stunden. Auch die Ruhe, die über der Landschaft liegt, schenkt Urlaubsfeeling.

Vor dem Eingang in den Wald finden sich ein großer öffentlicher Spielplatz, eine Spiel-Rasenfläche und ein geschotterter Parkplatz. Alles kann genutzt werden. Der Arbeitskreis Brauchtum Kultur und Soziales hat in Zusammenarbeit mit der Ortsgemeinde diesen Walderlebnisweg im Wald von Heilberscheid eingerichtet. Infos unter www.heilberscheid.de.

39 300 Tiere und 90 Arten

Tierpark mit Afrikavoliere
—> Beilsbach 16, 35745 Herborn-Uckersdor

Das Erlebnis beginnt schon am Eingang: Gleich neben der Kasse mit Kiosk und Zooshop steht ein Meerwasseraquarium mit Korallen, Anemonenfischen, Anemone, Grundel, Knallkrebs. Im angrenzenden Vivarium lassen sich Königspython, Chamäleon, Rüsselspringer und Gürtelschweif beobachten – und so vielfältig wie schon der Start ist, ist der ganze Park.

Über 300 Tiere aus mehr als 90 verschiedenen Tierarten aller Kontinente haben im Tierpark Herborn ein sicheres und artgerechtes Zuhause gefunden. Der Park wurde 1966 von engagierten Vogelschützern gegründet, zunächst als Vogelpark Herborn. An die Anfänge erinnert noch die große Papageienwiese mit den farbenprächtigen Vögeln wie Grünflügelara, Soldatenara, Gelbbrustara, Hyazinthara und Weißhaubenkakadu. Oberhalb ist das Landschildkrötengehege. Besondere Highlights sind die täglichen öffentlichen Fütterungstermine der Erdmännchen, Lisztaffen und Papageien, die die Tierpfleger mit großer Freude und vielen interessanten Informationen durchführen. Der Besuch der Afrikavoliere mit dem Afrikanischen Löffler, den Kaptrielen und der Bernierente ist genauso erlebnisreich wie der Besuch im Streichelzoo, beim Känguru und beim Freilandterrarium mit heimischer Würfelnatter und Vipernnatter.

Der Tierpark Herborn bietet altersgerechte Führungen an ebenso wie etliche Aktionstage, Tier-Patenschaften sowie die Möglichkeit, besondere Kindergeburtstage zu feiern. Hunde dürfen angeleint mit in den Park. Infos unter www.tierpark-herborn.de.

Keine Technik, stattdessen Natur pur und die ganz schön spannend: Rund um den Hof der Familie Heckelmann entsteht jedes Jahr ein neues Maislabyrinth, das von August bis Oktober besucht werden kann.

Auf rund drei Kilometern plant Steffen Heckelmann immer wieder eine Route, die, aus der Luft betrachtet, stets

Maislabyrinth

Hof Heckelmann
→ Altes Zollhaus 1,
65597 Hünfelden-Mensfelden

ein anderes Bild ergibt. In den letzten Jahren waren das beispielsweise eine Ritterburg, der Hessische Löwe und ein Bild zu »Unser Dorf hat Zukunft«.

Wer das Labyrinth betritt, sucht und findet nicht nur seinen Weg, sondern auch einzelne Stationen, die bei der Lösung des dazugehörigen Mais-Quiz helfen. Die Gewinnerinnen und Gewinner werden jeweils nach Saisonende ausgelost. Hilfreich ist bei der Beantwortung der Fragen der extra angelegte kleine Aussichtsturm im Feld. Hier können sich die Kinder einen besseren Überblick verschaffen und noch dazu über das gesamte Limburger Becken blicken. Ein Knaller ist auch das neue Mais-Telefon, mit dem man sich zwischen zwei Stationen verständigen kann.

Das Maislabyrinth ist in der Saison täglich geöffnet. Festes Schuhwerk ergibt Sinn, da die Wege dicht mit Stroh ausgelegt sind. Dadurch ist der Besuch auch nach Regentagen problemlos möglich. Nach dem Besuch im Maislabyrinth Mensfelden liegt es nahe, im Hofcafé von Heckelmanns ein Stück selbst gebackenen Kuchen zu essen. Erlebenswert ist hier auch immer die riesige Kürbispyramide, die zum herbstlichen Kürbisfest aufgebaut wird. Infos und Kontakt unter www.heckelmanns.com.

41 Zuhause für 1.600 Tiere

Opel-Zoo
—> Am Opel-Zoo 3, 61476 Kronberg

Rund 1.600 Tiere aus über 200 Tierarten haben im Opel-Zoo ein artgerechtes und sicheres Zuhause gefunden. Hier leben die einzigen Elefanten Hessens, aber auch Giraffen, Zebras, Erdmännchen, Rote Pandas, Geparde, Brillenpinguine und viele andere Zwei- und Vierbeiner. Wer mag, kann die Tiere sogar mit den Futtermöhren, die an der Kasse erhältlich sind, oder den Heupellets aus den Automaten auf dem Zoogelände füttern. Ebenso wie der Besuch des Streichelzoos ist das Füttern gerade für Kinder, die im Alltag wenig oder gar keinen Tierkontakt haben, ein unvergessliches Erlebnis. Im Hessischen Bauernhof oberhalb des Streichelzoos sind die Ponyställe, die Schau-Futterküche, das Bruthaus, die Hühnergehege und die Stallungen der Belgischen Riesen untergebracht.

Der Opel-Zoo ist der zweite größere, wissenschaftlich geführte zoologische Garten im Rhein-Main-Gebiet. Er wurde 1956 von Dr. Georg von Opel als »Georg von Opel-Freigehege für Tierforschung e.V.« gegründet und inzwischen in eine Stiftung umfirmiert. Regelmäßig werden Tierpfleger-Gespräche, Führungen in die Madagaskar-Voliere und Öffentliche Führungen angeboten. Individuell buchbar sind Führungen, Rallyes, Erlebnis-Workshops und vieles mehr für Schulklassen, Kindergeburtstage oder Erwachsenengruppen.

Für Pausenplätze, Essen, Trinken und Spielmöglichkeiten ist auch gesorgt. Während der Hessischen Ferien werden im Opel-Zoo regelmäßig Ferienprogramme mit verschiedenen kostenfreien Aktivitäten angeboten. Infos unter www.opel-zoo.de.

Applaus, Applaus: Im Juli 1999 hob sich der rote Vorhang des Cineplex-Kinos in Limburg und löste nach 44 Jahren Spielzeit das alte Metropol-Filmfestspieltheater ab. Seither sausen Harry Potter und James Bond ebenso über die Limburger Leinwände wie Walt Disneys zahlreiche Helden,

Kinoerlebnis

Cineplex
—> Dr.-Wolff-Straße 1A,
65549 Limburg an der Lahn

Barbie, Paw Patrol oder Checker Tobi.

Das Cineplex in der Dr. Wolff-Straße hat von Anfang an ein großes Augenmerk auf das jüngere Publikum gelegt. Täglich läuft mindestens ein Kinderfilm (meist mehrere), es gibt etliche Sonderaktionen wie »Mein erstes Kinoerlebnis«. Auch Geburtstag kann hier gefeiert werden.

Das klassische Drumherum gehört zum Erlebnis und zieht die jungen Kinogäste natürlich auch in ihren Bann: Popcorn und die Mix-Bar sowie farbenstarkes Slush-Eis gehören einfach dazu und versüßen jede Stunde.

Das modern ausgestattete Kino verfügt über acht Kinosäle mit insgesamt 1.428 Sitzplätzen. Der größte Saal ist Kino 4 mit 355 Sitzplätzen und einer 90 Quadratmeter großen Leinwand. Hier können Besucher genauso wie in Kino 2, 7 und 8 auch Filme in 3D genießen. Außerdem besteht in einigen Sälen die Möglichkeit, Filmklassiker mit analogen 35mm-Filmprojektoren wiederzugeben. Alle Leinwände ergeben eine Gesamtfläche von 450 Quadratmetern. Alle Kinosäle sind mit digitalen 2K-Projektoren und dem Nova LineArray-Soundsystem mit acht Tonkanälen ausgestattet.

Zum Cineplex gehören das »Ricks«, das kulinarische Freuden bietet, und etliche Parkplätze. Unter www.cineplex.de/limburg gibt es den Kinderclub mit News.

Lächeln um die Wette

Kinderführung im Limburger Dom
—> Domberg, 61476 Limburg an der Lahn

Ein Kirchenbesuch ist langweilig? Aber nein, überhaupt nicht. Bestes Beispiel ist der Limburger Dom, der immer für Familien mit Kindern oder Kindergruppen offen steht.

Die Domschwestern, Schwester Marion und Schwester Waltraud, haben einiges für die jüngsten Besucher vorbereitet. Wer selbstständig durch den Dom wandern will, kann sich auf die Löwen- und Georgssuche machen (Anleitung am Schriftenstand) oder eine Kreuz-Expedition vornehmen. Dabei helfen dann der Küster oder die Domschwestern. Familien sind bei den Führungen dienstags bis freitags um 11 Uhr und um 15 Uhr, samstags um 11 Uhr und sonntags um 12 Uhr immer willkommen. Die Kinder werden stets aktiv mit einbezogen. Spezielle Kinderführungen beginnen mit einer Rundumblickerkundung, die meist viele Fragen aufwirft. »Was ist der dicke Klotz auf der Seite? Wie haben die oben an der Decke gemalt?« Vieles ergibt sich aus dem, was die Kinder interessiert: Der Blick auf den Rapunzelturm, die Sakristei mit den goldenen Gefäßen oder die Überlegung, wie sich das Taufbecken wohl öffnen lässt. Die Empore lässt den Gedanken der Dom-Stadt (himmlisches Jerusalem) mit Hauptstraße, Toren und Stockwerken noch lebendiger werden. Übrigens bietet Domorganist Carsten Igelbrink auch Orgelführungen an.

Zum Abschied geht es zu Maria und dem Jesuskind, die mit den Schwestern um die Wette lächeln – je nachdem, wo

man steht. Termine unter dom-
fuehrungen@bistumlimburg.de.

Es gibt viele Möglichkeiten, einen Stadtrundgang zu machen. Die Domstadt bietet Kindern (aber auch Erwachsenen) dazu eine liebenswerte und digitale Tour.

An elf Stationen gibt es nicht nur was zu sehen, sondern auch zu hören. Mit Hilfe eines QR-Codes, der vor oder an dem jeweiligen Gebäude angebracht wurde

Hör mal

Limburger Geschichten

—> ab Walderdorffer Hof, Fahrgasse 5, 65549 Limburg an der Lahn

und mit dem Handy abgescannt werden kann, ist es möglich, in die Vergangenheit des jeweiligen Gebäudes einzutauchen und den Spuren der Menschen zu folgen, die einst hier lebten. Die Stimme dazu stammt von dem Limburger Jürgen Fritsche, der so lebendig durch die Zeitgeschichte führt, dass man meint, der Sackschlepper »Säcker« käme jeden Moment ächzend vorbei gestapft.

Das Hörbuch beginnt am Dr.-Schirmacher-Platz beim Walderdorffer Hof und berichtet vom »Trulles«, einem Pranger in Form eines Gitterkäfigs, führt vorbei am Werner-Senger-Haus (an der Regenrinne), am Standort Konrad Kurzbold (Domtreppe), Heilwasser Bad Limburg (untere Bahnhofstraße, gegenüber Metzgerei Raab), Limburger Säcker (Rütsche), Domberg und Schloss (an der Laterne vor dem ehemaligen Dompfarramt), Dom zu Limburg (Straßenlampe Ecke Domplatz/Domstraße), Bischofssitz (Laterne gegenüber der Alten Vikarie), Museum (gegenüber Diözesanmuseum), Schloss Limburg (gegenüber Eingangstor) und Alte Lahnbrücke (links vor der Brücke stadtauswärts). Geplant sind weitere Standorte mit spannenden Geschichten rund um die historischen Gebäude und ihre Geschichten.

Mehr Infos dazu gibt es auf www.hoermal-limburg.de.

Jump'N Fun Arena

Trampolinpark und Indoor-Spielplatz

—> WERKStadt in der
Josef-Schneider-Str. 1,
65549 Limburg an der Lahn

Der große Freizeit- und Erlebnispark in der WERKStadt mit Jump'N Fun Arena und Jump'N Fun Arena Kids lockt seit Ende 2023 mit gleich 4.000 Quadratmetern.

Was auch immer man sich unter einem Trampolinpark und Indoor-Spielplatz vorstellt – für viele Erwachsene ist die gigantisch große Halle zunächst ein fremdes Land. Für Kinder dagegen ist es eine Selbstverständlichkeit, eingehüllt in rhythmische Beats, die gerne auch etwas lauter sein dürfen, die insgesamt 1.000 Quadratmeter großen Trampolinböden zu nutzen. Nach Herzenslust hüpfen und springen, ist einfach cool.

Übrigens auch gesund: Jumping Fitness ist ein ganzheitliches Training. Es verbessert die Ausdauer und stärkt die Muskeln. Gleichgewichtssinn, Koordinationsfähigkeit und Beweglichkeit werden trainiert.

Eine Basketballfläche, ein trickreicher Parcours, in dem jeder seine Zeit messen kann, und viele weitere Attraktionen warten hier auf Besucher. Die riesigen bunten Klettergerüste aus Stäben bilden einen aufregenden Indoor-Spielplatz, der klettern, rutschen, durchschlüpfen und hangeln verlangt. Ganz oben gibt es eine attraktive Kartbahn für die Kleinsten. In der Champions Arena Sportsbar wird Sport übertragen, hier gibt es auch Billard und Dart. Für Essen und Trinken ist gesorgt. Der neue Eingang ist auf der Diezer Seite der WERKStadt. Direkt vom Parkhaus aus gibt es einen Durchgang zur Jump'N Fun Arena. Infos unter www.jumparena-limburg.de.

Alle Neune

Kegelbahn in der Turnhalle
—> Ste.-Foy-Straße 16,
65549 Limburg an der Lahn

Alle Kinder kegeln gerne. Und das tun sie umso lieber, wenn es zu Spaß und Spiel auch irgendwann Pommes und ein Würstchen gibt. In der Turnhalle Limburg ist beides möglich. Küchenchef Michael Felten und Ehefrau Christina Groneberg sorgen aber auch gerne für Gemüse- oder Obstplatten. Die beiden haben das Restaurant »Zur Turnhalle« im Januar 2019 vom Limburger Turnverein gepachtet und bewirten seitdem ihre kleinen und großen Gäste mittwochs bis sonntags. Die beiden Kegelbahnen können jederzeit gebucht werden, spontane Ausflüge sind auch möglich, sofern die Bahnen nicht besetzt sind.

Gekegelt wird auf sogenannten Scherenbahnen, die Kugellauffläche ist aus Holz und gekehlt. Die Bahn hat eine Gesamtsteigung von zehn Zentimetern vom Beginn der Auflagebohle bis zum Kegelstand. Die Lauffläche ist 9,50 Meter lang, hat zunächst eine Tiefe von 35 Zentimetern und verbreitert sich dann auf einer Länge von 8,50 Meter scherenartig bis auf 1,25 Meter beim Kegelstand. Früher gab es auch hier noch sogenannte Kegeljungen oder Kegelbuben, die die Kegel aufstellten und die Kugel zurückrollten, sobald alle Neune umgefallen waren.

Übrigens: Viele Kinder kennen die Limburger Turnhalle gut: Nach wie vor ist der Limburger Turnverein aktiv, Kinderturnen, Volleyball und Tanzen werden hier trainiert. Wer will, kann in einer der Kegelbahnen auch Kindergeburtstag feiern.

GUT HOLZ

LIMPARK

Erlebnis und Event

—> Elzer Straße 2 – 4,
65556 Limburg-Staffel

Für große und kleine Kinder ist der Besuch in Hessens größter Multisportanlage »LIMPARK« immer ein einmaliges Ereignis. Kein Wunder – die Spiele sind abenteuerlich, erfordern die ganze Konzentration und lassen den Alltag vor den Türen.

Neben der Kartbahn sind Lasertag, Soccer, Escape Räume sowie VR Live Escape gefragte Freizeit-Vergnügen auch für die Jüngeren. Lediglich In- und Outdoor Paintball ist für Kinder nicht geeignet und generell in Deutschland erst ab 18 Jahren zugelassen. Dafür geht es mit speziellen Westen zum Lasertag- Abenteuer, bei dem gegnerische Spieler mittels eines ungefährlichen Laserstrahls markiert werden können. Suchen, Verstecken und dabei die perfekte Real-Live-Simulation eines Computerspiels auf mehreren Ebenen mit allen Sinnen erleben – das ist Lasertag. Auch Soccer gibt es abgestimmt auf Kindergröße und -leistung. Der Court ist mit FIFA-zertifiziertem Kunstrasen belegt, rundum eingenetzt und lässt kleine Kicker beim klassischen Fußballspaß auftrumpfen. Escape Spiele mit klassischen Live Escape-Räumen sowie virtuelle Live Escape-Erfahrungen sind für Kinder ab 12 Jahren geeignet.

Der LIMPARK ist ganzjährig geöffnet. Infos unter www.limpark.de. Das Team hilft immer gerne weiter. Montag und Dienstag ist Ruhetag, Mittwoch, Donnerstag und Freitag geht der Spaß von 16 – 22 Uhr, am Wochenende von 12 – 22 Uhr. Willkommen beim LIMPARK auch zu den Soccer- und Lasertag-Geburtstagfeiern!

Erlebnis und Event

48

Kartbahn

—> Elzer Straße 2 – 4,
65556 Limburg-Staffel

Reifenluft, Motorduft und jede Menge Fahrgeräusche. Für viele Kinder ist es allein schon ein Abenteuer, die Kartbahn zu betreten. Aber das Beste ist: Sie dürfen auch selbst aktiv werden.

Bereits junge Fahrerinnen und Fahrer im Alter von 8 bis 13 Jahren können im LIMPARK ihre ersten Rennsport-Erfahrungen sammeln! Für sie gibt es im LIMPARK, auf der größten In- und Outdoor Hybridkartbahn der Welt, viel zu erleben. Die kleinen Rennfahrerinnen und Rennfahrer sitzen in extra sicheren und altersgerecht einstellbaren Kinderkarts. Das Thema Sicherheit wird auch bei der Ausrüstung (Helme und Handschuhe) ganz groß geschrieben.

Die Streckenlänge auf der Allwetterbahn läuft über 600 Meter und ist so gestaltet, dass sich die Kinder richtig erwachsen fühlen. Für die Fahrt ist eine einmalige Teilnahme am Kinderkart Lizenz-Basiskurs notwendig. Hierbei vermittelt ein erfahrener Kart-Instructor den Kindern sorgfältig und gewissenhaft, wie sie ihr Fahrzeug gewandt, aber auch sicher und souverän über die Rennstrecke bewegen können. Nach Bestehen einer kleinen Prüfung erlangen die Jüngsten die Streckenreife und können loslegen. Natürlich können hier auch Geburtstage gefeiert werden. Für Essen und Trinken ist immer gesorgt. Und das Bistro bietet einen guten Blick auf die Rennstrecke. Auf der Kartbahn bleiben die jungen Leute unter sich – das finden die meisten von ihnen ganz toll. Auch auf der Kartbahn in Staffel kann man Geburtstag feiern.

Ein Männlein steht im Walde

49

Pilzwanderung und PilzCoaching

—> Brunnenstraße 11,
65553 Limburg an der Lahn

Wer möchte, dass die Kinder auch die Natur und ihre Geheimnisse kennenlernen, ist bei Vincent Schwellnus richtig. Der Pilz-Coach und Feldmykologe bietet nicht nur Beratung, Schulprojekte und kostenlose Pilzkorbkontrollen, sondern auch Pilzlehrwanderungen für Kinder und Familien. Wer mit dem gut gelaunten Pilzsachverständigen durch Wald und Wiesen streift, bekommt nicht nur vieles vom »Männlein im Walde« mit, sondern erlebt den Wald mit allen Sinnen.

Die Touren gehen los mit einer kleinen Einleitung anhand von täuschend echten Modellen. Alle Kinder, die Feuer gefangen haben, können in einer achtstündigen Ausbildung, die als Ferien- und Wochenendkursus angeboten wird, das Motivations-Abzeichen PilzCoach Kids (Alter etwa 5 – 10 Jahre) oder PilzCoach Junior (Alter etwa 10 – 16 Jahre) erwerben. Wer sich die Inhalte vom PilzCoach Kids anschaut, staunt, was alles möglich ist. Da geht es um Farben und Formenvielfalt, die Bedeutung im Ökosystem, die Lebensweise, aber auch Pilzschmuck, Färben mit Pilzen, Basteln mit Pilzen, Schreiben mit Pilztinte, Pilzpapier schöpfen oder Feuer machen mit dem Zunderschwamm. Die Ausbildung findet meist in Zusammenarbeit mit dem Haus der Jugend Montabaur statt. Auch Erwachsene können PilzCoach werden. Vincent Schwellnus ist auch Gutachter in Fällen von Pilzvergiftungen (Giftnotruf Mainz).

Infos und Kontakt unter www.pilzberatung.com

und unter der Telefonnummer
06431-9771195.

Im Kleinen Großes entdecken

Rassegeflügel-Zuchtverein
→ Gartenstraße 10c,
65550 Limburg-Linter

50

Kindern die Natur näherbringen und in kleinen Dingen das Große entdecken lassen – das tun die Züchter und etliche Helfer des Rassegeflügelvereins Linter.

Der 1930 gegründete Verein hat eine Zucht- und Parkanlage aufgebaut, die in dieser Gegend einzigartig ist. In der kleinen Tierstadt ist auf 22.000 Quadratmeter alles an Geflügel und Vögeln versammelt, was man sich nur denken kann. Dabei wird viel für die Artenerhaltung getan. Etwa 40 Prozent der Tiere, die hier leben, stehen auf der Roten Liste. Es gibt Deutsche Reichshühner und die selten gewordenen Dominikaner, Deutsche Sperber, Mechelner, Silverudds Blå, Araucaner, Bielefelder Kennhühner, Lachshühner und Maran Hühner. Goldfasane, Gänse, Warzenenten, Kanarienvögel, Zebrafinken, Nandus, Truthähne und Papageien besiedeln die Volieren. Ziegen, Hirschkühe und Schäfchen entzücken die Augen der Besucher. Dank der Automaten, bestückt natürlich mit artgerechtem Futter, können die Tiere auch gefüttert werden. Die Wildtiere leben unter anderem auf einer großen Weide, auf der auch der Limburger Dom nachgebaut wurde, sozusagen also in Mini-Limburg. Wilfried Kraft hat das Kunstwerk geschaffen. Im Park gibt es einen schönen Spielplatz, etliche Spazierwege und eine Wiese mit Picknickmöglichkeit. Der Park ist das ganze Jahr über frei zugänglich. Und obwohl alle ehrenamtlich arbeiten, nimmt der Verein keinen Eintritt. Im Sommer gibt es sonntags Kaffee und Kuchen für die Besucher.

»Schiff Ahoi!«

Unterwegs mit der »Wappen von Limburg«

—> Anlegestelle Eschhöfer Weg, 65549 Limburg an der Lahn

Schildkröten, die sich auf den Hölzern und Baumstämmen am Ufer der Lahn sonnen? Kormorane, die pfeilschnell die Fische aus dem Wasser holen? Eisvögel, die ihr strahlend blaues Gefieder putzen? Auf einer Schifffahrt mit der »Wappen von Limburg« kann man vieles sehen. Auch Kinder sind hier auf Entdeckungsreise. Zum einen natürlich in Sachen Natur. Zum anderen aber auch mit einer Fahrt durch die Schleuse. Es ist schon ein besonderes Erlebnis, wenn der Schleusenwärter die Tore öffnet, das Schiff in die Schleusenkammer einfährt und dann rund 3,5 Meter tief absinkt.

Die Limburger Schleuse wurde bereits 1837 im Zuge des Lahnausbaus erbaut und erst 20 Jahre später fertiggestellt. Für die künftige Staustufe musste am nördlichen Lahnufer ein Kanal angelegt werden. Die Schleuse ist 34 Meter lang und 5,34 breit. Sie hat, je nach Wasserstand der Lahn, eine maximale Fallhöhe von 3,61 Metern.

Schiffsführer ist Kapitän Josef Vomfell, er war selbst schon als Kind mit seiner Familie täglich auf dem Fluss unterwegs. Josef Vomfell und seine Crew mit Steuermann und Gastronomieleiterin Viola Schröder zeigen, wenn es die Zeit zulässt, gerne einmal einen Blick hinter die Kulissen. Der Kapitän lässt sich von den Kindern im Steuerhaus auch mal über die Schultern schauen. Und wenn die Fahrt einmal zu lange wird, helfen Malbücher, Spiele, Würstchen mit Ketchup und die positive Motivation durch die Eltern. Übrigens gestaltet die »Wappen von Limburg« auch das Diezer Ferienprogramm mit. Infos unter www.lahntalschiffahrt.de.

52 45 Meter rutschen

Parkbad in der Domstadt

—> Am Haustein, 65549 Limburg an der Lahn

Schwimmen und Planschen machen sowieso Vergnügen. Aber den einen oder anderen extra Jauchzer hören Mama und Papa doch noch zusätzlich, wenn die jüngsten Familienmitglieder auf die 45 (!) Meter lange, dunkelblaue Riesenrutsche klettern und in zahlreichen Windungen hinabsausen dürfen. Platsch! Das ist völlig unproblematisch – für sicheres Aufkommen sorgt das kleine Auslaufbecken.

Die tolle Rutschbahn gibt es seit 1997, nach erfolgtem Umbau und Wiedereröffnung des Limburger Freibads, das direkt an der Lahn liegt. Früher wurden die Schwimmbadgäste daher auch mit einem kleinen Kahn von der einen auf die andere Uferseite gebracht. Das gibt es lange nicht mehr – aber das Parkbad hat trotzdem noch vieles zu bieten. Zum Beispiel ein 50 Meter langes Wettkampfbecken mit einem Sprungbereich und einem integrierten Erlebnisbecken. Hier locken Massage- und Wasserdüsen und der Wasserpilz. Das Becken beginnt bei 1,30 Meter und endet in einer Tiefe von 2,20 Meter. Babys haben ein kleines Extra-Schwimmbad. Wer trocknen möchte, findet auf der insgesamt 20.000 Quadratmeter großen Liegewiese wunderbare Ruheplätze mit altem Baumbestand sowie einen Kiosk mit Bewirtung und Sitzplätzen. Die größeren Schwimmbadbesucher nutzen das Volleyballfeld, spielen Schach, Tischtennis oder Basketball.

Saison ist vom 1. Mai bis Mitte September. Infos gibt es unter www.limburg.de. Auf den zahlreichen Parkplätzen drumherum kann bis zu vier Stunden kostenlos geparkt werden.

53 Lahnanlagen

Spielplatz

—> Lahnstraße 4, 65553 Limburg-Dietkirchen

Links vom Eingangstor begrüßt ein freundliches Schild alle Besucher. Der Verschönerungsverein Dietkirchen präsentiert hier sehr übersichtlich die Wanderwege, die vorbeiführen. Mit den Worten »Besuchen Sie doch mal die Lubentiuskirche« weist das Schild auch auf die Möglichkeit hin, den hohen Felsen zu ersteigen (natürlich auf normalen Wegen) und die Kathedrale zu bewundern. Mit dem kleinen Tunnel zur Rückseite der Kirche und der tollen Aussicht ist das auch ein willkommener kleiner Spaziergang für die jüngste Generation. Die ist natürlich ganz in ihrem Element, wenn sie, wieder zurück, rechts neben dem Schild durch das Tor marschiert und die Lahnanlagen betritt.

Gleich am Anfang steht das große Insektenhotel, das nicht nur ein Baustofflager aus Hartholz, verleimten Halmen, Holzstapel und ein Fledermaus-Dachquartier bietet, sondern ebenfalls die passenden Erklärungen dazu liefert. Es gibt eine Grillhütte, ein Toilettenhaus und eine Umkleidemöglichkeit. Dann geht es zum bunten Spielplatz, der erst 2019 gründlich erneuert wurde. Das moderne multifunktionale Klettergerät mit den bunten Türmen motiviert Kinder aller Altersklassen, ihre Beweglichkeit zu erproben und zu trainieren. Auch größere Kinder nutzen das Gerät gerne. Sandkasten, Federspielgeräte, Doppelschaukel und Tischtennisplatte ergänzen das Angebot.

Die Lahn mit ihren Spazierwegen ist gleich nebenan, auch der Lahnradweg führt hier vorbei. In den Lahnanlagen wird

gerne gefeiert – zum Anlagenfest lädt der Verschönerungsverein ein, zum Familienfest der Jagdklub Limburg.

Der Sport- und Freizeitpark Linter gehört zu den beliebtesten Freizeitparks in der Region. Sport und Spiel im gepflegten Gelände sind so ausgelegt, dass jeder mithalten kann, egal ob alt oder jung, sportlich oder eher bequem.

Finde den Piratenschatz

Sport- und Freizeitpark Linter
—> Am Weiher 3, 65550 Limburg-Linter

Die 24 Spielmöglichkeiten geben allen Besuchern die Chance, echte Erfolgserlebnisse zu verbuchen. So kommt es schon mal vor, dass Opa und Oma mit den Enkeln um die Wette spielen, dass ältere Semester die besseren Bälle schlagen und mollige Sportler den Tennisball erfolgreicher bewegen. Für Spannung und Spaß unter dem Titel »Finde den Piratenschatz« sorgt die 18-Loch Adventure-Golfanlage. Ein Renner: Das kleine Floß zum Übersetzen beim Adventure Golf. Zwei Kunstrasen-Tennisplätze, zwei Sommerstockschießbahnen, zwei Funballcourts, ein Mini-Soccer- und Hockeyplatz, 4-Gewinnt-Basketballanlage, acht Shuffleboardbahnen (siehe Extraseite), Fußball-Tennis, 2 SubSoccer-Tische, 8 Cornhole-Boards und eine Golf-Crocket-Anlage, Fußball-Dart, Boulebahn, Bogen-Dart, Teppich-Curling und Fußballbillard sorgen dafür, dass jeder seinen Sport findet.

Ideal nicht nur für Familien, sondern auch für Schulklassen, Firmen und für Feste aller Art. Besonders schön ist die familiäre Atmosphäre auf dem Platz, die sich bis zur gerne besuchten Pizzeria »Al Golfo« durchzieht. Eine reizende Außenterrasse, eine große Auswahl an Speisen und Getränken, Umkleidekabinen und Duschen machen den Aufenthalt angenehm. Gebucht werden kann über www.sportpark-linter.de und jederzeit vor Ort

55 Sport für die ganze Familie

Shuffleboard-Anlage im Sport- und Freizeitpark Linter

—> Am Weiher 3, Limburg-Linter

Zum Sport- und Freizeitpark Limburg-Linter gehört auch eine Shuffleboard-Anlage. Da das Spiel erst seit einigen Jahren in Deutschland bekannter wird und da es ein idealer Familiensport ist, wollen wir es an dieser Stelle einmal gesondert vorstellen. Shuffleboard wurde von der englischen Aristokratie schon im 15. Jahrhundert gespielt, damals noch auf Tischen mit Münzen als sogenanntes Tafelspiel. Die Einwanderer brachten Shuffleboard als Deckspiel mit auf die Schiffe und in die USA, wo es nach wie vor total beliebt ist. Shuffleboard wird heute zudem auch noch gerne auf Kreuzfahrtschiffen gespielt. Manche Menschen kennen es auch aus der Sendung »Schlag den Raab«. Zum Spiel gehören der Cue (Stange zum Schieben) und gelbe und schwarze Discs (Scheiben). Beim Spielen versuchen alle Spieler abwechselnd, mit ihren Stangen Scheiben in ein Zahlenfeld zu schieben, um möglichst viele Punkte zu machen. Nach der Hälfte der Spielzeit werden zugunsten der Chancengleichheit Spielpositionen und Discfarbe gewechselt. Das Schöne auch beim Shuffleboard: Auch wer keine Sportskanone ist, kann hier siegen. Der Wettkampf ist spannend und macht Spaß und trotz des einfachen Spieleinstiegs ist Taktik beim »Spiel der Könige« gefragt.

Infos unter www.sportpark-linter.de. Hier sind die Regeln erklärt und als Download hinterlegt. Und das Sportpark-Team hilft auch jederzeit gerne weiter. Auch für Kindergeburtstage sind die acht Bahnen Shuffleboard (wie der ganze Freizeitpark) eine gute Anlaufstelle.

Erst die Oma mit der Tochter, dann die Tochter mit dem Enkelchen: Im Tal Josaphat haben schon mehrere Generati-

Spielen, Skaten und Schauen

Spielplatz für Generationen

—> Tal Josaphat,
65549 Limburg an der Lahn

onen begeistert gespielt. Nicht nur am Kasselbach und im schönen Wiesental, sondern auch auf dem großen Spielplatz, den der Verkehrs- und Verschönerungsverein in den 60er Jahren geschaffen hat.

Zu den modernen Spielgeräten zählen heute unter anderem Klettergeräte und Rutschen, alle möglichen Schaukeln, Sandfläche mit Spielhaus, Federwippgeräte, die 28-Meter-Seilbahn und die tolle, fünf Meter hohe Seilnetzpyramide. In den Sommermonaten steht eine WC-Anlage zur Verfügung.

Seit Mai 2008 haben auch die Limburger Skater hier, direkt angrenzend an den Spielplatz und Busche Weiher, ihren »Lieblingsspielplatz«. Der Skatepark hat unter anderem eine Stufenanlage, die sowohl für die Übungen der Skater als auch als Sitzgelegenheit für Zuschauer genutzt werden kann. In der Grünanlage sind noch ein Bolzplatz und Basketballständer.

Übrigens findet hier bereits seit über 20 Jahren im Sommer das beliebte Open-Air-Kino statt. Das Tal Josaphat wird immer an den ersten vier Freitagabenden im August zum Kinosaal unter freiem Himmel. Zu den Veranstaltungen können Decken, Stühle und Snacks mitgebracht werden. Das kostenfreie Event startet nach Einbruch der Dunkelheit (etwa gegen 20.30 Uhr). Actiongeschichten, Fantasyfilme und Komödien wechseln einander ab. Das Programm, das sich an alle Altersgruppen richtet, ist dabei immer auch für Kinder geeignet.

57

Aus der guten alten Zeit

Weihnachtsausstellung
→ Blumenröder Straße 116,
65549 Limburg an der Lahn

Viele Menschen haben eine ganz besondere Beziehung zu Weihnachten. Das gilt auch für Robert und Hermann Bandt. Bei den Brüdern aus Limburg ist immer Weihnachten. Die Sammler haben eine entzückende kleine Dauerausstellung eingerichtet, in der hauptsächlich Weihnachten in der guten alten Zeit präsentiert wird.

Auf den Treppen, an den Wänden, auf den Fensterbänken, Tischen und Stühlen glitzert und funkelt es, alles erzählt vom Heiligen Abend. Die Lichter schimmern über den Raritäten, wie dem Gansfedern-Weihnachtsbaum, geschmückt mit Gablonzer Kugeln. Dieser Baum besteht aus schmalen, grün gefärbten Federn der Martinsgans, die um ein dünnes Holzstöckchen gewickelt wurden. Knochenleim hält die Konstruktion zusammen und sorgt dafür, dass sich die Federn steif aufstellen. Diese »Zweige« wurden schließlich an einem dickeren Holzstab befestigt – und fertig war der Weihnachtsbaum für die Ärmsten. Viele der Exponate haben eine herzerschütternde Geschichte. Das Weihnachtskarussell, das der Vater, der nie wieder heimkam, aus der Kriegsgefangenschaft schickte. Das Schneehaus, das mühselig gebastelt wurde, um Brot zu kaufen. Haus und Garten, Menschen und Tiere sind in weiches Weiß gehüllt und strömen eine eigene Ruhe aus. Zu der Sammlung gehören auch Weihnachtsgeschenke, wie sie um 1900 üblich waren. Puppen, Wächtersbacher Porzellan, Schwippbögen, Kaufläden und Krippen stehen nebeneinander.

Auf Anfrage öffnen die beiden Sammler auch im Frühjahr und Sommer ihre Sammlung. Kontakt unter: 06431-42982.

58 Paradies für Wassersport

Krombachtalsperre
→ 35759 Mademühlen

Das Naturschutzgebiet Krombachtalsperre ist ein Paradies für junge und ältere Badegäste, aber auch für Wassersportler, Campingfreunde und Wanderer. Die Saison geht immer vom 1. März bis zum 31. Oktober.

Im abgegrenzten Schwimmerbereich des großen Sees kommen sich Schwimmer und Wassersportler nicht in die Quere. Eine kleine Schwimminsel bietet zudem ein willkommenes Ziel und einen Extraspaß für die Kinder. Schwimmen, Surfen, Segeln, Tretbootfahren – hier ist vieles möglich, auch dank der guten Windverhältnisse. Eine Surfschule gibt es ebenfalls. Aber auch mit dem selbst aufgeblasenen Schlauchboot können alle Familienmitglieder den großen Badesee erkunden. Das Beachvolleyballfeld am Sandstrand bietet zusätzlich Abwechslung, Volleybälle dafür werden in der Anmeldung des Campingplatzes verliehen. Wer Hunger oder Durst hat, kann in der Pizzeria einkehren.

Die Krombachtalsperre ist das größte Gewässer im Hohen Westerwald und umfasst eine Fläche von 93 Hektar. Hier sammeln sich rund 4,25 Millionen Kubikmeter Wasser. Am Ufer locken sandige Strände und sonnige Wiesen. Ein Teil des Gebiets ist als Vogelschutzgebiet ausgewiesen und bietet seltenen Sumpf- und Wasservögeln ein ideales Brutgebiet. Zudem nutzen zahllose Zugvögel die Krombachtalsperre als willkommenen Rastplatz. Umgeben ist sie von dichten Laub- und Nadelwäldern, in denen Spaziergänger gerne unterwegs sind, um die unberührte Natur zu genießen.

G
3456

59

Winterfreuden am Knoten

Skilaufen und Rodelvergnügen am Knoten

—> Waldparkplatz, 35759 Mademühlen

Urlaub im Alltag: Der Skihang am Oberroder Knoten beschert in den Monaten um Weihnachten seit Jahrzehnten allen Besuchern fabelhafte Winterfreuden. Hier treffen sich Gott und die Welt, hier warten Schnee-Theken und Hüttengaudi, Wettbewerbe und endlose Langlaufloipen ziehen sich durch die romantischen, verschneiten Wälder.

Mit seinem großen Engagement am Knoten gibt der Skiclub Elz schon seit Jahrzehnten den Menschen aus der gesamten Region die Chance, in der Heimat richtige Urlaubstage zu verbringen. Eine gepflegte Piste und eine moderne Liftanlage locken zu rund 400 Metern Abfahrt. Die kleinen Skifahrer und Rodler sind mit roten Backen und glänzenden Augen unterwegs. Sobald es ordentlich geschneit hat, ist bei guter Schneelage die Hütte geöffnet. Der Skiclub hält hier immer eine heiße Wurst oder eine deftige Erbsensuppe bereit. Geöffnet ist normalerweise samstags und sonntags von 11 bis 17 Uhr und je nach Vereinbarung. Familien Schulklassen, große und kleine Sportler – jeder ist zum Skilaufen oder zur Rodelpartie willkommen.

Zu erreichen ist die Skihütte über Neunkirchen oder Mengerskirchen, dann über Elsoff und Oberrod Richtung Mademühlen. Übrigens hat der Skiclub Elz bei gutem Wetter inzwischen auch im Sommer sonntags alle 14 Tage für Wanderer und Radfahrer geöffnet. Infos dazu und natürlich über Schneehöhe, Öffnungszeiten und die Webcam gibt es auf der Homepage unter www.ski-club-elz.de sowie bei Instagram und Facebook.

Schon mal was vom Quendelberg gehört? Das große attraktive Freizeit- und Parkgelände mit dem

Toben auf dem Quendelberg

Quendelberg
→ Albertstraße,
54610 Montabaur

schönen Namen gehört zu Montabaur.

Der Hang mit seinem altem Baumbestand, den Wiesen und Wegen ist nur wenige Hundert Meter vom Stadtzentrum entfernt. Er ist Spielplatz, Jugendtreff und Begegnungsstätte für die ganze Familie. Im Sommer lockt ein vielfältiges Sport- und Freizeitangebot, im Winter wird ein Teil als Rodelbahn genutzt. Auf dem Quendelberg warten die unterschiedlichsten Spiel- und Sportgeräte. Von verschiedenen Sandkästen bis zur Half-Pipe ist alles dabei. Auch Bolzplatz, BMX-Bahn, zwei Tischtennistische, Basketball- und Volleyballplatz, Wippe, Rutschbahn, Kletterkugel mit Rutsche und Hängematte, Drehteller, Schaukel, Seilbahn, Vogelnestschaukel, Holzhäuschen, Trampolin und der neue Wasserspielplatz gehören zum Angebot. Willkommen zum Toben! Alle großen und kleinen Mini-Golfer sind natürlich eingeladen, die 18 liebevoll angelegten Bahnen zu nutzen. Mittendrin liegt das bunte Bistro »Quendelberg«, das zum Ausruhen und Stärken einlädt. Neben heißen und kalten Getränken, Eis und selbst gebackenem Kuchen gibt es hier auch andere Kleinigkeiten. Wer grillen möchte, kann den Grillplatz reservieren und Biertisch-Garnituren mieten. Auch Kindergeburtstage und andere Feste werden hier gerne gefeiert.

Die Freizeitanlage kann das ganze Jahr über besucht werden. Infos gibt es in der Tourist-Information Montabaur oder telefonisch unter 02602-9502780.

Begegnung der vierten Art

Reckentaler Skulpturenweg

—> 56410 Montabaur

Wandern mit Kindern? Geht immer, vor allem auf so schönen, naturbelassenen Strecken, wie sie das Gelbachtal und der Naturpark Nassau bieten.

Auf dem Reckenthaler Skulpturenweg kommt es dabei zu Begegnungen der vierten Art: Auf einer großen Runde mit knapp zehn Kilometern oder einer kleinen Runde mit knapp sieben Kilometern können die Wandernden insgesamt 42 Kunstwerke am Wegesrand entdecken. Künstler aus der ganzen Welt haben die Skulpturen geschaffen, verwendet wurde dazu immer Holz aus den umliegenden Wäldern. Die Figuren sind in den letzten Jahren bei verschiedenen Holzbildhauersymposien in Reckenthal entstanden. Die Skulpturen – zum Beispiel »Till Eulenspiegel«, »Wir sitzen alle in einem Boot« und »Dialog mit dem Schatten« – sind sehenswert und regen die Fantasie an. Und wer mit Kindern läuft, wird staunen, was die jungen Menschen hier alles erkennen können. Nachdem zunächst nur 27 Skulpturen geplant waren, hat die Holzbildhauerin Simone Carole Levy, die auch den Rundweg geplant hat, die Strecke mit ihren eigenen Arbeiten zusätzlich bereichert, darunter sind Tierfiguren wie die Fischfamilie, Kaninchen im Bau oder der Krähenvogel. Zu jeder Skulptur gibt es eine Metalltafel mit dem Titel des Werks, dem Namen des Künstlers und gegebenenfalls dem Namen des Sponsors.

Beide Wege bieten auch einen wunderbaren Rundumblick auf Schloss Montabaur. Die Strecke ist gut ausgewiesen. Einen kostenlosen Infoflyer gibt es in der Tourist-Information Montabaur.

Findet Monti

Fröhliche Gespenstersuche

—> Großer Markt 12,
56410 Montabaur

Mit ihrem Monti hat die Tourist-Info in Montabaur eine tolle Idee entwickelt.

Monti ist das Stadtgespenst von Mons und Tabor. Frech und freundlich kommt das kleine Gespenst mit seiner roten Kappe im Städtchen daher. Bei einer Stadtrallye können die Kinder Monti kennenlernen, suchen und finden. Die Stadtrallye »Findet Monti« wurde vor einem Jahr entworfen und hat bereits jede Menge Fans gefunden.

Das Suchspiel beginnt mit einem kindgerecht gestalteten Stadtplan von Montabaur. Hier sind acht Stationen in der Altstadt eingezeichnet, die die Teilnehmer nacheinander finden müssen. Zu jeder Station gibt es eine Frage, aus den Antworten ergibt sich anschließend das Lösungswort, das den Aufenthaltsort von Monti verrät. Die Fragen sind lustig und kindgerecht. Zum Beispiel heißt es »Wie viele Frösche sitzen am Brunnen«? Wer alle Fragen richtig beantwortet hat, steht am Ende … – nein, das wird hier noch nicht verraten! Wer Monti gefunden hat, erhält zur Belohnung ein Überraschungsgeschenk.

Der Faltplan ist ebenfalls interessant. Auf der Rückseite gibt es ein paar Ausflugstipps in der Umgebung und eine Anleitung, wie man aus Bananen und Schokolade einen essbaren Monti basteln kann. Den Faltplan mit der Stadtrallye kann sich jeder kostenlos in der Tourist-Info am Großen Markt 12 besorgen. Dort gibt es auch jede Menge weiterer Freizeitideen. Kontakt zur Tourist-Information Montabaur unter Telefon 02602-9502780 und per E-Mail unter tourismus@montabaur.de.

BOO!
I ♥ MONTI

Tierische Erlebnisse

Zoo Neuwied

→ Waldstraße 160,
56566 Neuwied/
Heimbach-Weis

Abendführungen, Kindergeburtstage, Fütterungen, Workshops: Den Zoo in Neuwied kann man noch so oft besuchen – hier wird es nie langweilig. Natürlich liegt das zuallererst an der faszinierenden Tierwelt. Jeder findet hier seinen Liebling. Der größte Zoo in Rheinland-Pfalz pflegt zur Zeit rund 1.800 Tiere aus fast 200 Arten, darunter Schimpansen, Löwen, Warane, Krokodile, Seehunde, Pinguine und die Flamingos im Eingangsbereich, Papageien, Wasserböcke, Tapire, Erdmännchen und die größte Känguruherde außerhalb Australiens.

Der Zoo Neuwied legt besonderen Wert auf die Betreuung von Kindern und bietet im Rahmen eines eigenen pädagogischen Konzepts ein Angebot für Schulen und Kinderfeiern an. »SWeNis Kinderland« mit Spielplatz, Streichelgehege sowie Baum- und Naturlehrpfad hilft dabei. Die Tierhäuser erlauben einen Besuch auch bei schlechtem Wetter. Wickelraum, Behindertentoiletten, ein Rollstuhlverleih und ein Bollerwagen-Verleih machen den Besuch komfortabler. Allerdings ist ein Teil des Zoos nur über relativ steile Wege erreichbar, für Rollstuhlfahrer also nur mit Hilfe.

Der Zoo Neuwied wurde 1970, damals unter dem Namen »Tierpark Hubertushof«, eröffnet und wird nun als gemeinnützige GmbH geführt, mit dem Förderverein Zoo Neuwied e.V. als einzigem Gesellschafter. Er steht unter wissenschaftlicher Leitung und glänzt nach wie vor mit vielen außerordentlichen Zuchterfolgen.

Der Zoo ist täglich von 9 bis 18 Uhr geöffnet, im Winter bis 17 Uhr. Infos unter www.zoo-neuwied.de.

63

Mit Kindern um die Wette rufen

Im Echo-Tal

—> vom Friedhof Obererbach (57612) nach Niedererbach (56412)

Wie heißt der Bürgermeister von Wesel?« ... »Esel«. »Wer gewinnt am Samstag im Lotto?« ... »Otto«. Jeder kennt einen Echoreim, auch wenn sie in unserer modernen, bunten, lauten und schnellen Welt oft nicht mehr zum Zuge kommen. Umso schöner, wenn man eine Echo-Wanderung macht und mit den Kindern um die Wette ruft: »Was darf man niemals vergessen?« ... »Essen«.

Das kleine Echo-Tal, wo das möglich ist, liegt ganz zauberhaft zwischen Ober- und Niedererbach und besticht mit Ruhe. Geparkt wird am besten am Friedhof in Obererbach und dann geht es etwa 2,7 Kilometer den geteerten Wanderweg im Tal entlang. Er ist auch mit Kinderwagen bequem zu laufen und führt ein bisschen bergauf und bergab. Links und rechts liegen die Wiesen und Felder und blühen Feldblumen. Bäume säumen den Weg und weiter hinten erheben sich die bewaldeten sanften Hügel des Westerwalds, die die Stimmen auffangen und zurückwerfen. Der Weg mündet schließlich in die Obererbacher Straße und führt bis zur Niedererbacher Kirche.

Ein kleines Stück vor der scharfen Rechtskurve (nach etwa Dreiviertel des Weges) auf der Höhe klappt das Echo am besten. Kindern kann man das Treffen der Schallwellen auf ein Hindernis übrigens gut mit dem Bild eines Balls, den man gegen eine Wand wirft und der zurückhüpft, erklären. Um ein Echo eindeutig zu hören, muss man aber mindestens 17 Meter vom Hindernis entfernt sein.

Wer mag, wandert die steile Straße von der Kirche bis zur kleinen Brücke hinunter und besucht noch den Waldspielplatz (siehe S. 137).

65

Unterwegs auf dem Hosenboden

Spielplatz am Hang
—> Waldstraße, 56412 Niedererbach

Generationen von Elzern, Niedererbachern, Oberbachern und Malmeneicher Familien haben ihn geliebt und häufig tüchtig bespielt. Das lag natürlich auch daran, dass der Waldspielplatz in Niedererbach genau gegenüber eines Gasthauses lag. »Im Erbachtal« schmeckte das Schnitzel ebenso gut wie das Bier oder wie Kaffee und Kuchen. So blieb es nicht aus, dass Eltern oder Großeltern nach einer Wanderung hier gerne Platz nahmen, alle möglichen Bekannten trafen und gerne schwatzend und speisend sitzenblieben, während ihre Schützlinge begeistert am Waldrand tobten. Das Gasthaus gibt es leider nicht mehr, den Spielplatz aber schon. Er hat auch seinen Charme nicht verloren. Der besteht vor allem aus der doch recht steilen Hanglage im Wald. Wer die große Rutschbahn nutzen will, muss die Höhen erklimmen und gelegentlich geschieht das auch mal auf allen Vieren. Manchmal wird auch auf dem Hosenboden über den Waldboden zurück gerutscht. Aber die Kinder fühlen sich wohl auf diesem stillen Fleckchen Erde, spielen am Berg und erproben gerne die einzelnen Klettergeräte.

Wer ein Picknickkörbchen packt, kann wunderbar alte Zeiten zurückordern und auch kulinarisch Rast machen. Als Spielgeräte stehen hier drei Rutschen (Hinweis: die kleinste ist die schnellste!), diverse Schaukeln, eine Wippe und ein kleines Klettergerüst zur Verfügung. Da der Spielplatz komplett von großen Bäumen beschattet wird, lässt es sich hier in den heißen Sommermonaten aushalten. Sitzgelegenheiten gibt es genug.

So vielfältig und schön wie die Natur selbst sind die Waldspaziergänge mit Thomas Muth. Seit über 20 Jahren lehrt der zertifizierte Dehrner Waldpädagoge und Jäger alle, die es wissen möchten, die Geheimnisse des Waldes und seiner Tierwelt. Er besucht mit

Dachs oder Waschbär?

»Lernort Natur« mit Thomas Muth

—> nach Vereinbarung im Wald

seinem »Lernort Natur« nicht nur Kindergärten und Schulen, sondern ist auch gerne für Familien oder kleine Kindergruppen da. Sein Programm passt sich immer dem Alter seiner Besucher an. Er berichtet sachlich, kompetent, aber auch sehr unterhaltsam über wundersame Dinge in der Welt der Tiere und Pflanzen. Zum Beispiel, dass Rehe, aber auch andere Säugetiere und Vögel, die befruchtete Eizelle zunächst monatelang, ohne Weiterentwicklung des Embryos, in sich tragen. Die dadurch verlängerte Tragzeit ermöglicht die Geburt zu einer günstigeren Jahreszeit mit besserem Nahrungsangebot.

Wer sich für solche Waldstunden mit Thomas Muth verabredet, kann den Hundetrainer zum Beispiel an seiner kleinen Waldhütte in Dehrn treffen. Hier werden mit waldpädagogischen Spielen und Mutproben die Bäume und Pflanzen vorgestellt und dabei gleich Nachhaltigkeit und Umweltschutz geübt. Thomas Muth bringt immer eine bunte (ausgestopfte) Tierwelt mit. Dachs, Marder, Marderhund und Waschbär unterscheiden? Kein Problem, wenn man die Tiere einmal aus unmittelbarer Nähe erlebt. Vom Wildschwein bis zur Maus dürfen die kleinen Besucher auf Tuchfühlung gehen. Wer mehr wissen möchte, ruft unter 0170-7756289 an. Und welches Tier zeigt Thomas Muth wohl auf dem Foto links?

Ein Ausflug zu den Rittern

67

Zu Besuch bei Rittern
—> Schloßplatz 2, 65594 Runkel

Jedes Jahr, wenn der Frühling kommt, öffnet die Burg Runkel ihre Pforten für große und kleine Entdecker. Und da es richtig viel zu sehen gibt – von der Fallbrücke zur Wagnerei, von der Schmiede bis zur Folterkammer, aber auch Möbel, Waffen und Rüstungen –, ist dieser Ausflug in die Vergangenheit für alle spannend und unterhaltsam. 18 Wappen erzählen alles Wissenswerte, jeder kann hier alleine losziehen.

Das mittelalterliche Kleinod lockt schon von außen mit seinen mächtigen Mauern auf dem Felsen hoch über der Lahn. Auch die jüngsten Besucher spüren ganz schnell, dass sie hier eine andere Welt betreten. Besonders gut geht das natürlich mit Ritterhelm, Schwert und Schild. Das alles gibt es im renovierten Souvenirlädchen, wo auch die Kasse ist. Die Schwestern Andrea Stöhr und Christiane Basquit betreuen das Lädchen seit Jahrzehnten und unterstützen nach besten Kräften Prinz Metfried und seine Ehefrau Prinzessin Felicitas zu Wied. Prinz Metfried hat die Erhaltung, Pflege und Ausstattung dieses mittelalterlichen Kleinods 1956 übernommen und widmet sich bis heute dieser großen Aufgabe. Eigentümer der Burg nach dem Fideikommiss ist immer der jeweilige Fürst zu Wied.

Gerade weil die Burg eine überschaubare Größe hat, ist der Besuch für Kinder ein greifbares und besonders Erlebnis, das mit dem Ersteigen des Turms und einem sensationellen Blick über Stadt und Fluss endet. Geöffnet ist von Karfreitag, spätestens vom 1. April bis Oktober. Kontakt telefonisch unter 06482-941472.

Von jungen Leuten, für junge Leute: Auf ihrem Planetenlehrpfad zwischen Runkel und Villmar haben die Schüler des Astronomiekurses der Johann-Christian-Senckenberg-Schule Runkel/Villmar mit Unterstützung ihres Lehrers Patrick Fitz das Sonnensystem nachempfunden.

Die kleine Wanderstrecke mit den Lehrschildern verläuft ent-

Zu Fuß durch das Sonnensystem

Planetenlehrpfad
→ ab Bahnhof Runkel, 65594 Runkel

68

lang des Radfernweges R7 und geht immer der Lahn entlang. Beginn ist hinter dem Bahnhof in Runkel. Dort symbolisiert die Sonne als Kugel mit einem Durchmesser von 1,39 Metern den Anfang der Entdeckungsreise durchs All. Alle Planeten sind maßstabsgetreu abgebildet, auch die Entfernungen zwischen den Planeten wurden so gewählt, dass sie zum Maßstab 1:1 Milliarde (1:1.000.000.000) passen. Also: Ein Meter auf dem Planetenlehrpfad bedeutet eine Million Kilometer am Himmel. Zum Sonnensystem zählen die Sonne und die acht Planeten Merkur, Venus, Erde, Mars, Jupiter, Saturn, Uranus und Neptun. Alle begegnen den Wanderern auf dem Weg, der vom Fluss und seinen Naturschönheiten gerahmt wird.

Der erste deutsche König Konrad grüßt auf der gegenüberliegenden Seite von seinem Felsen, manchmal winken auch Paddler auf der Lahn. Wer den 4,5 Kilometer langen Planetenlehrpfad entlang spaziert, bewegt sich quasi mit drei- bis vierfacher Lichtgeschwindigkeit durch unser Sonnensystem. Mitten auf der Marmorbrücke in Villmar steht der vorletzte Planet, der Uranus. Jetzt kennen alle den Merkspruch für die Reihenfolge der Planeten: Mein Vater Erklärt Mir Jeden Samstag Unseren Nachthimmel.

Taunus
Wunderland
Der familienpark
mitten in der Natur!

Die Welt der Muckels

69

Taunus Wunderland
—> Haus zur Schanze 1,
65388 Schlangenbad

Willkommen in der Welt der Muckels«, heißt es im Taunus Wunderland. Wer den großen Freizeitpark betritt, lernt dort zunächst die liebenswerten Haus-Maskottchen kennen und wird von Familienoberhaupt Muckel und Bürgermeisterin Betty begrüßt.

Jeder Muckel hat seinen eigenen Bereich. Tante Rosie entführt ins Zuckerwatteland mit dem Himmelsstürmer, dem Luftschiff, der wilden Maus und dem Dalmatiner Zirkus. Hier sind die Kleinsten gut aufgehoben. Aber auch in Onkel Bennos Bauernhof fühlen sich alle wohl. Enten, Hühner, Schafe, Esel und Ponys freuen sich über Besuch. Die Fahrt mit der Wasserrutsche und weitere Attraktionen bringen Spaß und Action. Kleine Forscher sind bei Opa Alfred richtig. Er ist im Tal der Dinos zu Hause und lässt seine Gäste selbst im Sand nach Fossilien graben. Die jüngste in der Familie heißt Arya – sie sorgt mit dem Milanflug für Nervenkitzel und plant weitere Attraktionen, wie das »Mondkatapult«, Hessens längste Achterbahn. Im Muckelland warten auch Hexenstuhl und Autoscooter, Knall und Fall, das Spielhaus, das Spukhaus, Trampoline und andere Abenteuer.

Der Park verwandelt sich mit Kürbissen und Geistern im Herbst in ein schaurig-schönes Gruselkabinett mit Veranstaltungen für alle Halloween-Fans. Im Winter wird das Taunus Wunderland zum Winterwunderland mit stimmungsvoller Dekoration, funkelnden Lichtinstallationen und Schlittschuhbahn. Für Essen, Trinken und Parkplätze ist immer gesorgt. Geburtstagskinder haben freien Eintritt. Infos unter www.taunuswunderland.de.

Greifvögel und Eulen

Falkner Berthold Geis
—> Ahornweg 3,
65606 Villmar-Weyer

Ein Erlebnistag mit einem Falkner? Das hört sich ungewöhnlich an. Ist es auch, denn welche Familie hat schon Gelegenheit, Greifvögel und Eulen mal aus nächster Nähe zu betrachten und zum Teil sogar selbst auf den Arm zu nehmen. Möglich macht das Falkner Berthold Geis. Bei ihm, in Villmar-Weyer, kann ein Erlebnistag gebucht werden.

Und was macht ein Falkner eigentlich? Ein Falkner (oder Beizjäger) betreibt die Jagd mit Greifvögeln wie Falke, Habicht und Adler auf Federwild (beispielsweise Fasan, Ente, Nilgans, Rabenkrähe, Elstern) und auf sogenanntes kleines Haarwild (wie Kaninchen, Hasen, Füchse). Zur Falknerei gehören aber auch das Abrichten, die Haltung und Pflege der eingesetzten Greifvögel.

Um Falkner zu werden, benötigt man die staatliche Jägerprüfung, die erst ab 16 Jahre möglich ist, sowie die staatliche Falknerprüfung. Jeder, der sich zum Falkner ausbilden lässt, muss sich darüber im Klaren sein, wieviel Verantwortung und Arbeit er mit der Anschaffung eines Greifvogels übernimmt. Aber die Falkner leisten noch mehr: Jährlich werden Tausende verletzte und kranke Greifvögel und Eulen von den Falknern aufgenommen, gesund gepflegt und, wenn möglich, wieder zurück in die Natur entlassen. Beim Erlebnistag in der Falknerei lernen die Gäste verschiedene Greifvögel und Eulen kennen, tragen, füttern und fotografieren diese und erleben sie auch bei einem gemeinsamen Spaziergang im Wald. Für Verpflegung ist gesorgt. Infos unter www.falknergeis.de.

Steine mit ganz viel Geschichte

Lahn-Marmor-Museum

—> Oberau, 65606 Villmar

In Villmar ist das Zentrum des Lahnmarmors. In der Ausstellung, aber auch in Workshops, Seminaren und bei Wander- und Radtouren entdecken Besucher, wie faszinierend die Welt des Lahnmarmors in ihren Glanzzeiten war.

Die Dauerausstellung im Gebäude des Lahn-Marmor-Museums ist so lebendig aufgebaut, dass auch die kleinen Familienmitglieder vieles mitnehmen können. Anhand von Gesteinsproben, gesägten Platten, Fossilien und Filmen wird die Geschichte verdeutlicht. Hier geht es aber auch um den Abbau, die Verarbeitung und den Transport. Die schweren Arbeiten werden eindrucksvoll mit Werkzeugen und historischen Fotos erläutert. Jeder sieht, wie hart die Steinbrecher, die Marmorierer und die Steinmetze ihr Brot verdient haben. Kleinere kunsthandwerkliche Objekte wie Vasen, Schreibtischgarnituren und Architekturbeispiele zeigen die Bandbreite der Verwendung. Der wegen seiner reichen Farbigkeit hochgeschätzte polierfähige Kalkstein von der Lahn wurde, um nur einige seiner prominenten Verwertungsorte zu benennen, im Wiesbadener Kurhaus, in der Eremitage in St. Petersburg, im Bahnhof Haydarpasha in Istanbul (Endstation der berühmten Bagdadbahn) und in der Eingangshalle des Empire-State-Buildings in New York sowie im Kaiserlichen Treppenhaus in Berlin verwendet. Zum Museum gehören auch das Nationale Geotop »Unica-Bruch« (siehe S. 151), der Lahn-Marmor-Weg und die Lahn-Marmor-Route. Ein Tipp für Familien und Schulen. Infos unter www.lahn-marmor-museum.de.

71
Seelilien
Stielglieder
Seelilien
Kelche

Marmorbruch
„Unica"

Zeitreise

Unica-Bruch

—> Oberau, 65606 Villmar

72

Im Wald hinter dem Lahn-Marmor-Museum steht das Natur- und Kulturdenkmal Unica-Bruch. Hier können die Besucher in die Zeit vor 380 Millionen Jahren zurückblicken, als tropische Korallen und Schwammriffe das Material bildeten, das einst als Lahnmarmor vor allem im Zeitalter des Barocks bekannt und weltweit verbaut wurde.

Der Bruch zeigt eine in zwei Terrassen gegliederte, etwa sechs Meter hohe, 15 Meter breite, glattgesägte und geschliffene Wand, die einen einmaligen Einblick in ein mitteldevonisches Stromatoporenriff bietet. Zu sehen sind neben den Stromatoporen (ausgestorbene Meerestiere, die den Schwämmen zugeordnet werden) und Korallen auch Seelilien, Kopffüßer, Schnecken sowie Brachiopoden, deren Wachstum durch den hohen Kalkgehalt des Devonmeeres begünstigt wurde. Aus dem Devonmeer stiegen die ersten Wirbeltiere an Land; seine Temperatur konservieren wir bis heute in unserem Blutkreis auf. Dem Betrachter bietet sich ein buntes Bild, bei dem sich Wachstum und Störungsphasen, etwa verursacht durch Tsunamis, abwechseln.

Der Weg vom Gebäude des Lahn-Marmor-Museums bis zum Unica-Bruch wurde mit spannenden Infotafeln bestückt, die immer das geologische Zeitalter abbilden und zeigen, welche Tiere und Arten damals gelebt haben. Jeder Meter auf diesem erdgeschichtliche Weg entspricht einem Zeitraum von einer Million Jahren. Wer den Weg läuft, macht also eine Zeitreise über 380 Millionen Jahre. Der Unica-Bruch ist frei zugänglich und kann immer besucht werden. Infos unter www.lahn-marmor-museum.de.

Hier werden Kinder aktiv

73

Freizeitpark Lochmühle

—> 61273 Wehrheim

Früher eine Getreidemühle mit landwirtschaftlichem Betrieb – heute ein bunter Freizeitpark, der Spiel, Spaß und Natur miteinander vereint: Das ist die Lochmühle, die es bereits seit über einem halben Jahrhundert gibt.

Die meisten der rund 150 Attraktionen im Park fordern und fördern den natürlichen Bewegungsdrang der Kinder und beweisen, dass selbst aktiv sein, am meisten Freude macht. Riesensprungkissen und Achterbahn bringen den Adrenalinspiegel auf Touren, ebenso der Baumwipfelpfad, der über insgesamt neun Plateaus und unterschiedliche Brücken verfügt. Da werden die Kinderaugen kugelrund vor Entzücken! Bei schönem Wetter bietet der Wasserbob eine tolle Gelegenheit, eine einmalige Fahrt zu unternehmen. In der Tierkinderstube und im Streichelgehege sind die Besucher ebenfalls willkommen. Hier lernen sie die Besonderheiten der heimischen Tiere kennen. Der Römer-Parcours informiert über ein Kleinkastell, das sich einst direkt auf dem Parkgelände befand.

Die auf dem Gelände verteilten Grillplätze und -hütten bieten Platz zum gemütlichen Beisammensein und können nach Voranmeldung kostenlos genutzt werden. Die Parkrestaurants bieten viele regionale und hausgemachte Speisen, Selbstverpflegung ist aber ausdrücklich erlaubt. Die Lochmühle setzt auf Vielfalt und Abwechslung in einer ländlichen Umgebung. Saison ist von März bis Oktober, Infos unter www.lochmuehle.de.

Das ist einmalig in der Region: Auf über 2.500 Quadratmetern wurde vom Weilburger Funktionsmodellbau-Team eine zauberhafte kleine Welt erschaffen, die kaum einen Kinderwunsch offenlässt.

Der Verein hat in akribischer, technisch versierter und liebevoller Handarbeit einen sehenswerten, großen Modellbaupark angelegt, auf dem die Kinder fahren können »wie in echt«. Am

Mit der Miniatur-Diesellok auf Fahrt

Modellbaupark 1:8

—> Im Bangert 7, 35781 Weilburg

74

Bahnhof können sie die Diesellok besteigen und auf der Fahrt mehrere Bahnübergänge passieren. Die Lok rattert vorbei an Seen und der Altstadtpassage, einer Kirche, der Polizei und der Feuerwehrstation. Auch eine Tankstelle und ein Tunnel liegen auf dem Weg.

Bereits 1997 haben interessierte Modellbauer das Projekt ins Leben gerufen. Die Stadt Weilburg hat 2002 das Gelände zur Errichtung des Parks zur Verfügung gestellt. Seit Mai 2003 ist der Modellbau-Park 1:8 für das Publikum geöffnet und findet großen Anklang bei jungen und alten Familienmitgliedern. Die Anlage wird Jahr für Jahr um einige Attraktionen erweitert. Die Besucher können auch bei den Bauarbeiten zuschauen. Beispielsweise beim Abtragen von Erde oder beim Straßenbau. Bei Interesse finden in kleinen Gruppen Führungen statt, die jedem Gelegenheit geben, alles aus der Nähe anzuschauen und mehr Details der Technik und Bauweise zu erfahren. Die Häuser und batteriebetriebenen Fahrzeuge sind alle mit Genehmigung und Bauplänen des Herstellers detailgetreu, im Maßstab 1:8 und 1:14 nachgebaut und voll funktionsfähig. Infos unter www.funktionsmodellbauteam-weilburg.de.

Der Besuch des Weilburger Bergbau- und Stadtmuseums ist etwas ganz Besonderes. Hier haben die Verantwortlichen die außergewöhnliche Möglichkeit geschaffen, unter dem Museum durch einen naturgetreu nachgebauten Bergwerkstollen zu laufen.

Nachgebauter Bergwerkstollen

75

Bergbau- und Stadtmuseum
—> Schloßplatz 1, 35781 Weilburg

Maschinen, Originalgeräte und Bilder dokumentieren den Bergbau in der Region: Eisenerz-, Schiefer-, Phosphorit und Marmorabbau sowie Tongewinnung. Der »Tiefe Stollen« zeigt betriebsbereiten Maschinen auf einer Länge von etwa 200 Metern den Abbau, die Fördereinrichtungen sowie den Schacht- und Streckenausbau.

Im Haus ist auch das Stadtmuseum untergebracht. Von der Ersterwähnung 906 bis heute spannt sich der Bogen der Weilburger Geschichte in einem chronologischen Rundgang mit Exponaten, Bildern und erklärenden Texten. Die Besucher begegnen hier dem ersten deutschen König Konrad und lernen das Großherzogtum Nassau kennen, genau wie den ersten Präsidenten der Frankfurter Nationalversammlung, Heinrich von Gagern. Auch Weilburger Besonderheiten wie die historische Wasserleitung, die drei nebeneinander liegenden Tunnel für Wasser, Schiene und Straße und die frühe Luftschifffahrt sind mit tollen Exponaten vertreten. Die Schulbibliothek mit kostbaren Büchern aus verschiedenen Jahrhunderten, die Sammlung der Merian-Stiche aus dem 17. Jahrhundert und das chinesische Papierschnittmuseum ergänzen das Museum, das seit 1949 im ehemaligen Kanzleigebäude des Schlosses untergebracht ist. Audioguides gibt es auf Deutsch, Englisch und als Kinderführung mit Gewinnspiel.

Magische Unterwelt

Kubacher Kristallhöhle
—> Auf dem Kalk 1, 35781 Weilburg-Kubach

76

Entdeckungsreise in eine magische Unter- und Wunderwelt: Oberhalb des Weilburger Ortsteils Kubach liegt rund 70 Meter unter der Erdoberfläche eine einzigartige Kristallhöhle. Mit ihren 30 Metern Höhe ist sie die höchste Schauhöhle und die einzige Calcitkristallhöhle in Deutschland. Sie wurde 1973 entdeckt, entstand aber während der Eiszeit, vielleicht schon vor 350 Millionen Jahren.

Geschmückt mit unzähligen Kristallen und Perltropfsteinen, bietet sie einen spannenden Einblick. Der Abstieg bis zum Höhleneingang hat 347 Stufen, 456 Stufen sind es bis zum Ende der Führung, die etwa 45 Minuten dauert.

Angegliedert ist ein Höhlenmuseum mit Mineralien und Steinen, in dem auch die Entdeckungsgeschichte der Kristallhöhle erzählt wird. Im Freilicht-Steinemuseum daneben haben die Besucher die Möglichkeit, bis zu 12 Tonnen schwere Gesteinsblöcke zu entdecken. Sie sind nach Art ihrer Entstehung angeordnet. Die Kristallhöhle Kubach ist eines der Informationszentren des 2010 eingerichteten Geoparks Westerwald-Lahn-Taunus. Geoparks sind eine Verschmelzung von Lernstätte, Naturdenkmal und Erlebnispark der besonderen Art. In ihnen können Menschen die Entwicklungsgeschichte des Planeten Erde am konkreten Beispiel begreifen und ihre Umwelt sowie die geologischen Phänomene auf eine besonders anschauliche Art erleben. Das Höhlenhaus mit Aufenthaltsraum sorgt für willkommene Pausen. Infos unter www.kubacherkristallhoehle.de.

Elche, Wölfe, Bären

Tiergarten Weilburg

—> Tiergartenstraße, 35781 Weilburg

77

Ein traumhafter Spaziergang zwischen alten Buchen und über 400 Jahren alten Hute-Eichen mit Blick auf die heimische Tierwelt: Willkommen im Wildpark »Tiergarten Weilburg«. Über 20 Tierarten gibt es im 93 Hektar großen Gelände, das auch mehrere Weiher umschließt. Neben urweltlich anmutenden Wisenten und Auerochsen finden die Besucher stattliche Rothirsche, Elche und eine große Braunbären-Anlage auf rund 11.000 Quadratmetern. Die zwei Bären kamen aus der Tatra, wo sie mutterlos in der Wildnis aufgegriffen worden waren und zunächst in einem Zoo aufgezogen wurden. Im Alter von zwei Jahren kamen sie nach Weilburg. Ein Stück weiter springen der Alpensteinbock und das Mufflon und grasen mit dem Damwild um die Wette. Fischotter, Wölfe, Luchse, Wildschweine – alle sind hier vertreten. Viele der Tierarten, die hier in natürlicher Umgebung leben, gelten schon oder fast als ausgestorben.

Betreiber des Tiergartens ist das Forstamt Weilburg unter der Trägerschaft des hessischen Landesbetriebes Hessen-Forst. An der Wildparkkasse können Getränke, Wildspezialitäten und Eis gekauft werden.

Wer will, macht eine Rallye oder feiert hier Kindergeburtstag. Es gibt auch ein Kinderforsthaus, das Kindergärten buchen können. In den Sommerferien werden Ferienspiele angeboten. Zudem gibt es einen umfassenden Veranstaltungskalender mit vielen Veran-

staltungen für die ganze Familie. Hunde können leider nicht mitgenommen werden. Der Wildpark »Tiergarten Weilburg« ist 365 Tage im Jahr geöffnet. Infos unter www.hessen-forst.de.

78

Ein ungewöhnliches Ausflugsziel erwartet unternehmungslustige Familien bei

Fahrten mit dem Hundeschlitten

Of Wolfheart

—> Am Bruchrain 8, 61276 Weilrod-Emmershausen

Anja Ries von »Of Wolfheart« in Weilrod. Die 34-jährige Hundesportlerin bietet ihren Kunden gemeinsam mit ihrem Lebensgefährten in den Monaten Oktober bis März Gästefahrten und Touren mit ihren Schlittenhunden an.

Die Fahrten beginnen mit dem gemeinsamen »Anziehen« der Schlittenhunde. Dann geht es auf den Wagen oder bei Schnee auf den Schlitten. Touren in verschiedener Länge stehen zur Verfügung. Zum Abschluss gibt es noch einen Kakao oder Kaffee und Anja Ries hat Zeit, alle Fragen zu beantworten. »Am schönsten ist es im Wald, wenn der Schnee von den Tannen rieselt«, schwärmt die Hundesportlerin.

Die jüngsten Familienmitglieder können an diesen unvergesslichen Touren durch den zauberhaften Taunus ebenfalls teilnehmen. Kinder ab acht Jahren dürfen schon alleine mit Anja losziehen. Kleinere Hundefans fahren mit einem Elternteil. Die Hundetouren dauern im Schnitt ein bis zwei Stunden, vergehen aber immer wie im Flug.

Anja Ries hat sich mit Leib und Seele dem Hundesport verschrieben. Sie legt dabei viel Wert auf eine tadellose Ausbildung und Erziehung. Zu ihrem Rudel gehören 12 Hunde, darunter acht Huskys, ein Labrador, ein Ratonero, ein Malamute und ein Mischling. Sechs von den Hunden gehören zu ihrem festen Rennteam, mit dem sie an Wettbewerben im hohen Norden, aber auch in Tschechien und Polen teilnimmt. Wenn sie mal nicht mit ihren Hunden unterwegs ist, näht sie Hundegeschirr, Halsbänder und Leinen auf Maß. Infos unter www.of-wolfheart.de.

Papageienpark

Vogelpark und Vogelpension

—> Vogelpark 1, 61276 Weilrod

Die Vogelburg Weilrod ist etwas Einzigartiges. In romantischem Ambiente, mitten in der Natur, ist ein Freizeit- und Ferienpark entstanden, der kleine und große Gäste aus allen Teilen Deutschlands zu sich zieht. Eine einmalige Vielfalt an handzahmen Papageien lebt in dieser kleinen Stadt, die, aus zahlreichen historischen Bauteilen gestaltet, mit ihren grauen runden Mauern, den Statuen und Reliefs, aber auch den Ecken, Nischen, Gässchen und Treppchen zwischen den riesigen Voglieren wie der südlichste Zipfel Italiens anmutet.

Attraktiv ist die Papageienburg nicht nur durch ihre bunten Bewohner, sondern auch durch die alten Rosensträucher, den Seerosenteich, den Spießbraten-Grill und den einladenden Café-Garten mit den Kuchenspezialitäten. Überall hört man Geplapper, Geschrei, Gekrächze und viel Lachen. Es dringt aus der Papageienschule und aus jedem Haus der Vogelburg.

Papageien brauchen viel Zuwendung. In der Vogelburg haben sie zahlreiche soziale Kontakte. Viele unter ihnen bauen schnellen Kontakt zu ihren Besuchern auf. Manche können auch gefüttert werden.

Die Vogelburg im Hochtaunus ist ein Ausflugsziel für die ganze Familie und gleichzeitig Auffangstation und Pension für Papageien, die hier unter ihresgleichen sicher alt werden dürfen oder warten, bis die Familie aus dem Urlaub kommt. Hans Gerd Steiner hat den privaten Park, der vom 15. März bis 31. Oktober immer von 10 bis 18 Uhr geöffnet hat, 1981 gegründet und immer weiterentwickelt. Willkommen! Infos unter www.vogelburg.de.

80

Eisenbahntechnik mit Minibahn

Erlebnisbahnhof Westerwald
—> Bahnhofstraße 46c, 56457 Westerburg

Einmalige Stunden verspricht der Besuch im Erlebnisbahnhof Westerwald. Hier gibt es Eisenbahntechnik jeder Art zum Anfassen und ein einzigartiges Eisenbahn-Plakatmuseum auf zwei Stockwerken mit über 200 Exponaten. Das älteste Plakat ist von 1937.

Zu verdanken ist dieser Schatz Wilfried Rink. Nach seiner Pensionierung kaufte er 2013 den alten Bahnhof und eröffnete sein Museum. Im historischen Lokschuppen hat der Verein »Westerwälder Eisenbahnfreunde 44 508« seinen Platz gefunden. Kinderherzen schlagen höher, wenn sie mit der Miniatur-Eisenbahn eine Runde drehen dürfen. Männerherzen schlagen höher, wenn sie beim Restaurieren mit anpacken dürfen.

Der Verein »Westerwälder Eisenbahnfreunde 44 508« hat es sich zur Aufgabe gemacht, die historische Eisenbahn in der Region zu erhalten und etliche Fahrzeuge gesammelt. Der »Großvater« ist eine Rangierlock aus dem Jahr 1908. Zudem gibt es eine betriebsfähige »Deutz 56792« (1957), ein schwergewichtiges Dampfross von Krauss Maffei (1941), eine ebenfalls betriebsfähige Jung-Lokomotive, eine noch zu restaurierende Diema 1507, einen »Klima-Schneepflug« und einen Kohlenkran, Schienenfahrzeuge der Bundeswehr und einen Unimog. Jüngstes Mitglied der Sammlung ist ein MAN-Lkw, eine Sonderentwicklung für die Bundeswehr, der beim ständigen Ausbau des Erlebnisbahnhofs hilft.

Höchste Eisenbahn, die Lokstation einmal kennenzulernen. Geöffnet ist samstags von 9 bis 16 Uhr. Jeder ist willkommen. Infos unter www.erlebnisbahnhof-westerwald.de.

Himmelsstürmer unterwegs

Drachen steigen lassen

—> Im Westerwald und auf dem Mensfelder Kopf

Viele Jahre schliefen die Drachen im Schrank – jetzt fliegen sie wieder. Beliebte Orte zum erfolgreichen Höhenflug sind viele Ecken im Westerwald und der Mensfelder Kopf. Dann fehlt nur noch ein wenig frischer Wind und hui, ziehen die Himmelstürmer in die Lüfte.

Waren früher die meisten Drachen selbst gebaut, haben sich längst die jüngeren Generationen aus industrieller Produktion durchgesetzt. Insbesondere Lenkdrachen sind auf dem Vormarsch. Sie haben gleich zwei Leinen, mit denen das Flugobjekt gesteuert wird. Wird links gezogen, fliegt der Drache eine Linkskurve und genauso funktioniert es rechts. Unter den Lenkdrachen gibt es auch Trickdrachen. Die komplizierten Flugfiguren sind aber nichts für Anfänger. Wie bei allem muss auch die Drachenflugkunst geübt werden, nur dann ist sie perfekt. Zum Drachen steigen lassen, gehören Wind und der passende Ort. Am besten eignen sich dafür freie Flächen ohne Bäume wie eine große Wiese. Dann muss zunächst die Windrichtung bestimmt werden. Schließlich wird der Drachen mit der Leine nach oben auf den Boden gelegt. Der Wind muss im Rücken sein. Jetzt geht es ein paar Schritte rückwärts. Dabei wird die Leine langsam von der Spule abgewickelt. Anschließend fest hinstellen und kräftig, aber nicht ruckartig an der Leine ziehen. Jetzt sollte sich der Drachen langsam aufstellen und zum Himmel gleiten. Und dann kommt das von Mary Poppins so schön beschriebene Drachenfeeling: »Wer ist nicht vergnügt, wenn hoch sein Drachen fliegt…«.

81

Willkommen in der Leica Welt

Leica Welt im Leitz Park
→ Am Leitz-Park 6, Wetzlar

82

Wie funktioniert eine Dunkelkammer? Welche Geräusche machen Auslöser? Wie beeinflussen Licht und Schatten Fotos? Diese Fragen und die passenden Antworten sind nur ein winziger Teil der Entdeckungen, die Kinder in der großen Leica Welt machen können. Hier sind nicht nur Erwachsene gut aufgehoben, sondern die ganze Familie.

Im interaktiven Ernst Leitz Museum können auch junge Leute lernen, was eine Anamorphose ist, selbst fotografieren und hinter die Geschichte der Marke Leica blicken. Sie können aber auch an einer spannenden Rallye durch das Museum teilnehmen, den drei Kilometer langen Leica-Naturlehrpfad erproben oder im Leica Headquarter dank dreier Fenster im Produktionsgang spannende Einblicke in die Fertigung der Linsen sowie in die Montage von Objektiven und Kameras bekommen. Hier können außerdem nahezu alle jemals produzierten Leicas bestaunt werden.

Überall warten sehenswerte Kleinigkeiten und Besonderheiten. Leica ist eine ganze Welt für sich und um alles kennenzulernen, kann man ruhig öfter vorbeikommen. Auch für Schulen hält der Leitz Park tolle Ideen bereit. Und das nicht nur wegen der großartigen Technik. Kinder und Jugendliche sehen die Welt mit anderen Augen und nehmen Dinge wahr, die Erwachsene oft übersehen. Fotografie bietet ihnen die Möglichkeit, Dinge, die

ihnen wichtig sind, aus ihrer eigenen Perspektive zu zeigen. Fotografie fördert nicht nur ihre Fremd- und Selbstwahrnehmung, sondern auch ihre Kreativität und steigert ihr Selbstvertrauen. Infos unter www.leica-welt.com.

Zu einem ungewöhnlichen Stadtbummel lädt Wetzlar ein. Zu verdanken ist der Optik-Parcours mitten in der Stadt nicht nur Professor Dr.-Ing. Jürgen Erbach, der die Idee hatte, und den drei Studentinnen, die 2004 die ersten Ideen umsetzten, sondern auch den Wetzlarern, die sich stark

Einblicke und Entdeckungen

Optik-Parcours

—> Innenstadt, 35576 Wetzlar

engagierten und den Parcours zu einem echten Bürgerprojekt machten.

Der Optik-Parcours in Wetzlar ist heute ein Wissenschaftsparcours, also eine Art Lehrpfad, und gleichzeitig Erlebnispfad, der die Phänomene der Optik und Mechanik zeigt. Der Parcours wurde 2008 eröffnet und verläuft vom Einkaufszentrum FORUM Wetzlar bis zum Klostergarten in der Wetzlarer Altstadt. Er wird immer wieder vergrößert und lädt auf spielerische Art zum Experimentieren und Entdecken ein.

An jedem Standort wird ein spezifischer Aspekt der Optik erfahrbar. Am Domplatz kann man einen Sehtest machen, es gibt historische Stationen, einen Kreuzspiegel in der Silhöfer Straße und ein begehbares Kaleidoskop, in dem sich jeder vervielfacht. Am Anfang der Pfaffengasse sieht man, wie endoskopische Techniken funktionieren: Mikro-Kameras und die mit ihnen verbundene Beleuchtungstechnik, in einem für diese Region typischen Fachwerkhaus, gestatten Einblicke in die Wohnräume und überwinden damit die Grenze zwischen außen und innen.

Die Wetzlarer haben das Erfolgsthema der Stadt, die Kompetenz in Optik und Feinmechanik, mit diesem Parcours auf die Straße gebracht und gewürdigt. Zwischen allen Stationen warten auch die schönen Geschäfte auf einen Besuch. Infos unter www.wetzlar.de.

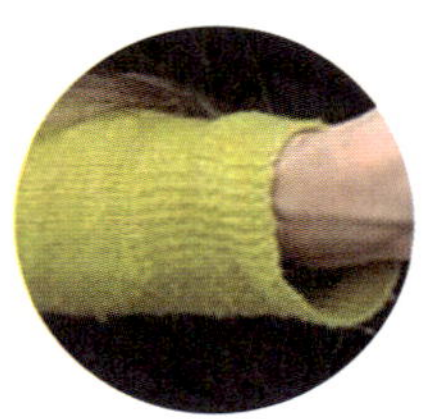

Und? Geschafft? Die 83 Ausflüge haben hoffentlich allen viel Spaß gemacht. Wer jetzt das Ende noch erleben möchte, sozusagen das i-Tüpfelchen, kann es sich diesmal zunächst auf dem Sofa bequem machen und von dort aus den letzten Ausflug beginnen und planen.

Jetzt beginnt die Suche nach den versteckten Buchstaben auf den Bilderseiten. Eine kleine Hilfestellung geben hier die kleinen Kreise, die die Motive der jeweiligen Seite widerspiegeln.

Wer die Buchstaben im Buch gefunden hat und sie in der richtigen Reihenfolge aufschreibt, bekommt die beiden Lösungsworte. Sie beinhalten den $^{1}/_{5}$-Ausflug.

Jetzt kann sich wieder jedes Kind auf die Socken machen und mit der Familie zum Ziel fahren oder gehen. Wer dann das Buch am Lösungsort vorzeigt, bekommt eine kleine Überraschung. Viel Spaß bei unserer letzten Entdeckungsreise!

Lösung siehe S. 178

1/5

Der letzte Ausflug

Die Entdeckungsreise beginnt im Buch

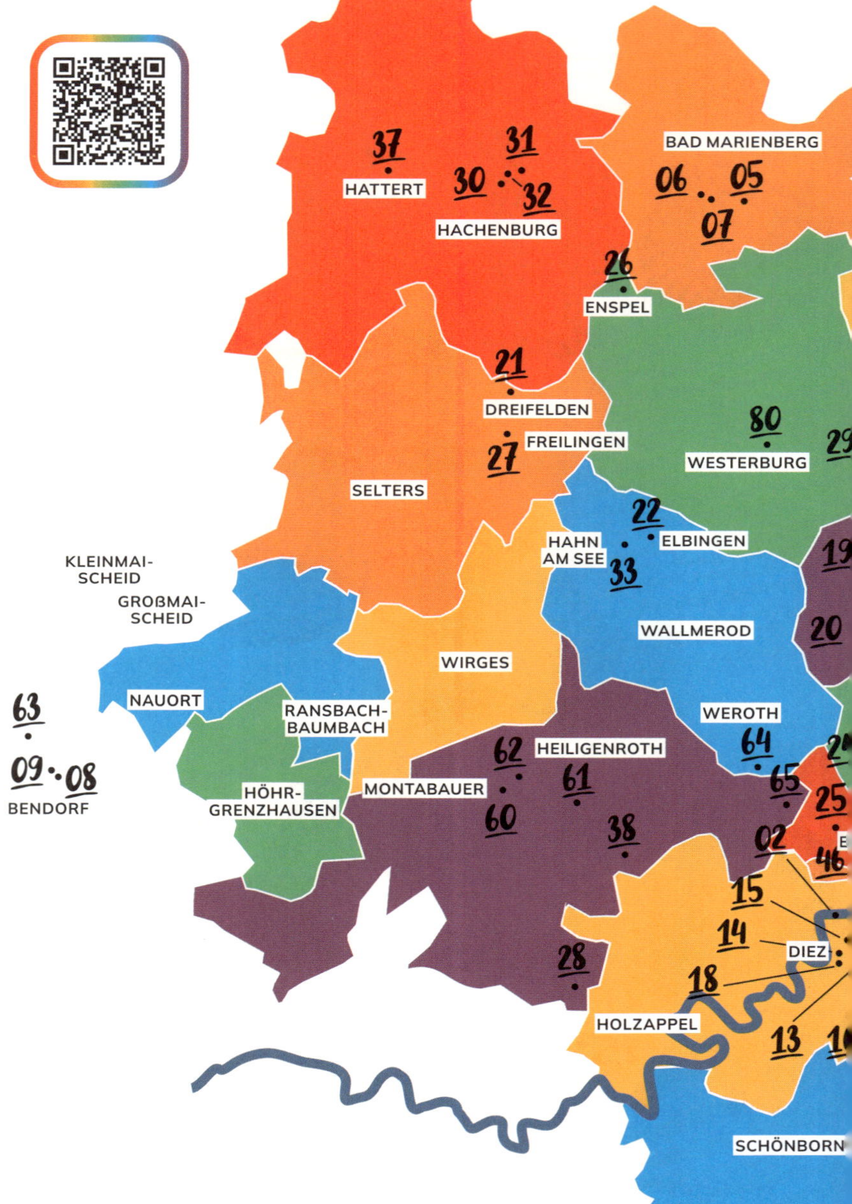

37
HATTERT
31
30
32
HACHENBURG
BAD MARIENBERG
06
05
07
26
ENSPEL
21
DREIFELDEN
FREILINGEN
27
SELTERS
80
WESTERBURG
22
ELBINGEN
HAHN
AM SEE
33
KLEINMAI-
SCHEID
GROßMAI-
SCHEID
WALLMEROD
20
WIRGES
NAUORT
RANSBACH-
BAUMBACH
WEROTH
63
62
HEILIGENROTH
64
09
08
61
65
25
BENDORF
HÖHR-
GRENZHAUSEN
MONTABAUER
60
38
02
46
15
14
DIEZ
28
18
HOLZAPPEL
13
SCHÖNBORN

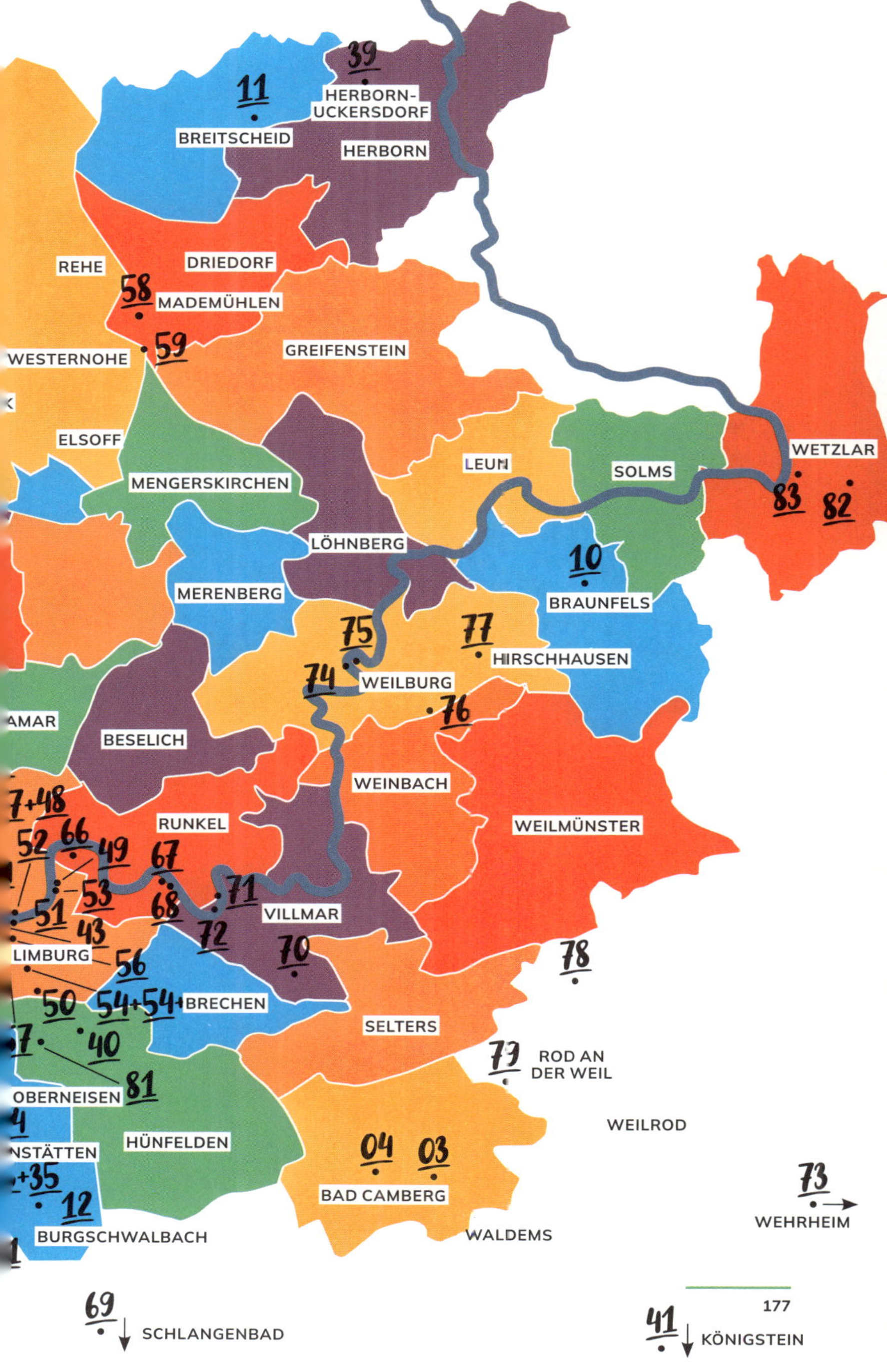
39
HERBORN-
UCKERSDORF
11
BREITSCHEID
HERBORN
REHE
DRIEDORF
58
MADEMÜHLEN
59
WESTERNOHE
GREIFENSTEIN
ELSOFF
MENGERSKIRCHEN
LEUN
SOLMS
WETZLAR
83
82
LÖHNBERG
10
BRAUNFELS
MERENBERG
75
77
HIRSCHHAUSEN
74
WEILBURG
76
AMAR
BESELICH
WEINBACH
7+48
RUNKEL
WEILMÜNSTER
52
66
49
67
53
71
51
68
VILLMAR
43
72
LIMBURG
56
70
78
50
54+54+
BRECHEN
40
SELTERS
81
73
ROD AN
DER WEIL
OBERNEISEN
HÜNFELDEN
NSTÄTTEN
WEILROD
04
03
+35
12
BAD CAMBERG
73
WEHRHEIM
BURGSCHWALBACH
WALDEMS
69
SCHLANGENBAD
41
KÖNIGSTEIN

Dankeschön

Ich bedanke mich ganz herzlich bei allen, die mir geholfen haben, dieses besondere Buch zu verwirklichen, darunter Paulina und Jonas Güth mit ihren Eltern ebenso wie Laura und Simone Michel.

Tiergärten und Zoos, Freizeitparks, Unternehmen, Städte und Gemeinden, aber auch die Touristikbüros, Museen und Institutionen haben mich nach Kräften unterstützt.

Ein dickes Dankeschön geht auch an meine Familie, die alle Wege begleitet hat. So ist ein echtes Familienbuch entstanden.

Lösungswort S. 174

HABAKUK LIMBURG

Die Autorin

Nach Auslandsjahren in Sardinien arbeitet die Journalistin, Autorin und Fotografin **Anette in Concas** seit rund 35 Jahren für Zeitungen und Magazine. Ihre hohe Begeisterungsfähigkeit und ihr warmherziges Interesse an Menschen und Schicksalen haben ihr schon früh den Blick für die Vielfalt an Ausflugszielen in der Region geöffnet. Sie lebt mit ihrer Familie und vielen Tieren im Westerwald und auf Baltrum, wo mit ihrem Haus Inselglück ein Lebenstraum in Erfüllung gegangen ist.

BILDNACHWEIS

Alle Fotos Anette in Concas, außer:
Erlebnisbahnhof Westerwald, Seite 166, Foto: Andreas Böttger
Hachenburg Monti, Seite 131, Grafik: 37Punkt, Katja Breidenbach-Schütz für die VG Montabaur/Tourismus
Schauhöhle Breitscheid, Seite 29, Foto: Karl H. Schlierbach
Tierpark Herborn, Seite 85, Foto: Dominic Schwehn
Weilburg Modellpark, Seite 154, Foto: Weilburger Modellbau-Team
Opel-Zoo, Seite 89, Foto: Archiv Opel-Zoo
Krombachtalsperre, Seite 123, Foto: Andreas Pacek - CC BY SA 4.0
Early Spring/Shutterstock.com: Seite 175